YAEL BARTANA

herausgegeben von/
edited by
Yilmaz Dziewior

mit Beiträgen von/
with essays by
Yilmaz Dziewior & Moshe Ninio

Kurzbeschreibungen von/
short descriptions by
Meike Behm, Eva Birkenstock & Galit Eilat

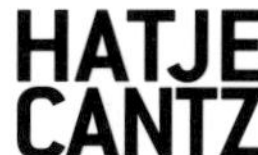

INHALT
CONTENTS

RUHM DER GLEICHHEIT

ALLTAG ALS FOLIE DES POLITISCHEN IN DEN VIDEOARBEITEN VON YAEL BARTANA

»Von den großen Ereignissen und Persönlichkeiten überzugehen zum Leben der anonymen Individuen, die Symptome einer Epoche, einer Gesellschaft oder einer Kultur in den winzigen Details des Alltagslebens zu entdecken, die Oberfläche von den unsichtbaren Tiefenschichten her zu erklären und ganze Welten auf der Basis einiger weniger Spuren zu rekonstruieren (...).«
JACQUES RANCIÈRE[1]

»Politik, so hören wir, ist etwas, was für menschliches Leben eine unabweisbare Notwendigkeit ist, und zwar sowohl für das Leben des Einzelnen wie das der Gesellschaft. Weil der Mensch nicht autark ist, sondern in seinem Dasein von Anderen abhängt, muß es eine alle betreffende Daseinsversorgung geben, ohne welche gerade das Zusammenleben nicht möglich wäre.«
HANNAH ARENDT[2]

YILMAZ DZIEWIOR

Die Videoinstallationen von Yael Bartana sind meiner Meinung nach nicht deshalb politisch, weil sie sich mit dem überpolitisierten Kontext des Nahost-Konflikts beschäftigen, sondern, weil es ihnen gelingt, die allgemeine Relevanz dessen archetypischer Probleme zutage treten zu lassen. Denn was in der Regel in den Arbeiten der Künstlerin zu sehen ist, sind nicht die spektakulären, aus den Medien bekannten tagespolitischen Ereignisse der Region. Vielmehr schildert sie einen Alltag, Handlungen, Begegnungen und Aktivitäten von Menschen, die sich größtenteils auch zu anderen Zeiten und an anderen Orten ereignen könnten, so dass beim Betrachten ihrer Videos eine direkte Identifikation mit den von ihr behandelten Themen entsteht. Was mit diesem subjektiven Effekt, dieser unmittelbaren Betroffenheit gemeint ist, wird vielleicht mit einem Zitat der amerikanischen Künstlerin Adrian Piper deutlich, die bei aller Sympathie für globale politische Kunst, deren reale soziale Wirksamkeit in Frage stellt: »Dass die Darstellung politischen Inhalts alleine in der Betrachterin politische Veränderung auslöst, ist unwahrscheinlich, denn sie lenkt die Aufmerksamkeit von der unmittelbaren Politizität ihrer eigenen Situation in Richtung irgendeiner anderen Region von Raum und Zeit, die – wenn überhaupt – nur die dürftigsten Verbindungen zu den unmittelbaren Umständen der Betrachterin hat.«[3] Bartana dagegen hält Situationen fest, die heute in einer westlich geprägten Gesellschaft zu den Grundaktivitäten des Lebens zählen wie Feiern, Einkaufen oder Autofahren, und selbst wenn sie außergewöhnliche Momente wiedergibt, wie beispielsweise weibliche Soldaten bei Schießübungen (*Profile*, 2000) oder eine politische Demonstration von Jugendlichen und deren Auflösung durch die Polizei

1 Jacques Rancière, *Le Partage du sensible. Esthétique et politique*, La Fabrique Éditions, Paris 2000, zit. nach: dt. Ausgabe: *Die Aufteilung des Sinnlichen. Die Politik der Kunst und ihre Paradoxien*, Hrsg. Maria Muhle, b_books Reihe PoLYpeN, Berlin 2006, S. 53 f.

2 Hannah Arendt, *Was ist Politik? Fragmente aus dem Nachlass*, Hrsg. Ursula Ludz, Serie Piper, München/Zürich 1993, 2. Aufl. Juli 2005, S. 36.

3 Adrian Piper, *Out of Order, Out of Sight*, Cambridge, Mass./London: MIT Press 1996, Bd. 2, S. 177., zit. nach: Christian Kravagna, *Politische Künste, ästhe-*

tische Politiken und eine kleine Geschichte zur Nachträglichkeit von Erfahrung, in Ausst.-Kat.: *Dinge, die wir nicht verstehen*, Generali Foundation, Wien, 28.01.–16.04.2000, S. 25.

(*Low Relief II*, 2004), dann gilt auch hier ihr indexikalisches Interesse den einfachen Momenten, dem konzentrierten Innehalten, dem Biss in einen Apfel oder dem Trinken aus einer Wasserflasche. Erst in der Gegenüberstellung mit dem Außergewöhnlichen und dem subversiven Unterwandern des Alltäglichen mit unheimlichen, befremdenden Handlungen (der Einsatz von Wasserwerfern, das aus dem Ruder laufende Feiern und sein Umschlagen in Gewalt) überführt die Künstlerin das Gezeigte in eine Sphäre des Nichtverstehens und der nachhaltigen Verunsicherung. Das Alltägliche der Handlung und das gleichzeitige teilweise Nicht-Verstehen derselben involviert die Betrachter und provoziert darüber hinaus zu einer eigenen, persönlichen Positionierung und Bewertung.

Dies zu betonen, scheint deshalb von besonderer Bedeutung, da sich Yael Bartana in ihrer Arbeit eines dezidiert dokumentarischen Modus bedient. Fast alle ihre Aufnahmen sind direkte Wiedergaben von dem, was sie mit eigenen Augen durch die Linse der Kamera sah. Mit wenigen Ausnahmen gibt es keine Inszenierungen in ihren Videos, sondern jede der Handlungen hat sich ohne den Einfluss der Künstlerin in der Art ereignet, wie sie festgehalten ist. Erst durch das nachträgliche Schneiden der einzelnen Sequenzen und durch den Einsatz von einfachen filmischen Mitteln wie Zeitlupe, Überblendung und durch einen speziell komponierten Soundteppich entstehen Brüche, Unstimmigkeiten und Verfremdungseffekte, die den künstlerischen Mehrwert der Arbeiten konstituieren. So haben in der 2001 entstandenen Videoinstallation *Trembling Time* für sich genommen die noch unbehandelten nächtlichen, aus einer statischen Kameraposition vom erhöhten Standpunkt einer Brücke aus gefilmten Aufnahmen einer dicht befahrenen Schnellstraße in Tel Aviv keine über die reine Dokumentation hinausgehende Wirkung. Und selbst, wenn mit der Zeit immer mehr der Fahrzeuge mitten auf den mehrspurigen Bahnen stehen bleiben und Personen aussteigen, verwundert dies zwar, lässt aber eher an einen Unfall oder ein vergleichbares außergewöhnliches Ereignis denken, denn an eine künstlerisch eingesetzte Dramaturgie. Erst die langsamen Überblendungen und das dadurch entstehende Ineinanderfließen der Fahrzeuge, die bewusst eingesetzten Unschärfen und Verzerrungen ergeben mit dem sphärischen, speziell hierfür komponierten Soundtrack eine Stimmung, die das Gespenstische der realen Handlungen zur Gedenkminute für die gefallenen israelischen Soldaten deutlicher in Szene setzt, als dies jeder Reportage möglich wäre.

Die Konfrontation mit den von Yael Bartana ästhetisch aufgeladenen Bildern kreiert Erfahrungen, die nicht nur die äußerst kritische Position der Künstlerin gegenüber dieser Zeremonie verdeutlichen. Vielmehr verstärkt sie die Sensibilität der Betrachter dafür, ähnliche Handlungsmuster des eigenen kulturellen Kontexts analytischer beobachten zu können. Die emotionale Ebene dieser Arbeit wird durch den Titel *Trembling Time* noch verstärkt, da dieser sowohl als Umschreibung für das

Zittern der Bilder wie auch für die aufgewühlten Empfindungen der israelischen Bevölkerung in Bezug auf die Erinnerungen an ihre gefallenen Soldaten gedeutet werden kann. Er dient also zur Intensivierung verschiedener spezifischer Lesarten und zur Überführung in eine allgemeingültige Sphäre der Deutung.

Dies ist auch bei anderen Videoarbeiten von Yael Bartana der Fall, bei denen sie den Werktitel so wählt, dass der begrenzte Raum und die festgelegte Zeit ihrer gefilmten Handlungen ins Metaphorische erweitert werden. So thematisiert *Kings of the Hill* von 2003 zwar anschaungsvoll den kriegerischen Konflikt im Nahen Osten. Darüber hinaus blitzt aber auch mit den immer wieder zu lesenden Automarken unterschwellig die ökonomische Situation und westliche Ausrichtung Israels auf.[4] Die großen, prestigeträchtigen Autos, in denen die jungen Männer ihre eigenartigen, archaisch anmutenden Fahrten durch die Dünenlandschaft in der Nähe Tel Avivs unternehmen, sind Zeichen männlicher Potenz, kämpferisches Vehikel und teures Statussymbol zugleich. Die weit über den konkreten lokalen Kontext reichende Relevanz von *Kings of the Hill* schwingt in ihrem märchenhaft klingenden Titel mit, der die Legitimität der faktischen und symbolischen Besetzung von Raum gleichzeitig mythisch auflädt und durch Übertreibung ironisch in Frage stellt.

Auch bei anderen Arbeiten wie *When Adar Enters* von 2003 oder *Wild Seeds* aus dem Jahr 2005 entsteht eine Ambivalenz zwischen Alltag und Besonderheit. So oszillieren bei *When Adar Enters* die Kostümierungen der Kinder in einer merkwürdigen Zwischensphäre von fröhlicher, karnevalesker Verkleidung und möglicher Signifikanten für historische, mythisch aufgeladene und teilweise als traumatisch empfundene Ereignisse. Außenstehende, die nicht mit der spezifischen Geschichte Israels vertraut sind, deuten die vielen Prinzessinnen vielleicht lediglich als einmalig für die Festlichkeit realisierte Wunschvorstellungen kleiner Mädchen. Dagegen erinnert der Titel dezidiert an die Geschichte der Prinzessin aus dem biblischen Buch Esther, in der ihr Einsatz zur Rettung der in Persien lebenden Juden vor dem drohenden Völkermord geschildert wird. Yael Bartana filmt das ausgelassene Feiern während des Purim-Festes im Monat Adar in einer streng orthodoxen Vorstadt von Tel Aviv. Dabei wird nicht nur durch den alttestamentarischen Verweis auf den ersten – in diesem Fall vereitelten Genozid des jüdischen Volkes – eine Verschränkung verschiedener Zeiten evident. Auch viele der Kostüme der als Sträflinge, Soldaten oder mit Gasmasken ausgestatteten Kinder evozieren mit der von Daniel Meir komponierten Geräuschkulisse aus Alltagssound, Sirenen und akustischen Collagen eine Atmosphäre, die das gesamte Spektrum von besinnungslosem, rauschhaftem Feiern über Bedrohung bis hin zur Vernichtung heraufbeschwören. Auffallend erscheint dabei, dass in den Videoarbeiten von Yael Bartana kaum ein Unterschied zwischen dem Besonderem, der Ausnahmesituation des Purim-Festes oder der sinnlos in den Dünen umherfahrenden Autos, und dem Alltäglichen,

4 Yael Bartana: »I try to stay as close as possible to what interested me in the first place. In *Kings of the Hill*, I was attracted by a western social phenomenon and its local character. (…) I wanted to comment on the symbolic implications, both locally and globally, on this weekly event.« in: *What's The Difference?*, Jörg Heiser and Jan Verwoert discuss the relationship between art and documentary filmmaking with artists Yael Bartana, Annika Eriksson and Gitte Villesen, in: *Frieze* 06–08/2004, # 84, S. 76.

den einfachen, archetypischen menschlichen Interaktionen, auszumachen ist. Indem sie scheinbar distanziert lediglich die »Gebräuche« ihrer sozialen Umwelt dokumentiert, entsteht eine eigenartige Enthierarchisierung der Ereignisse.

Dies entspricht dem, was Jacques Rancière den »Ruhm der Gleichheit und des Beliebigen« nennt. Erst durch die Zerstörung gängiger Repräsentationshierarchien löst das ästhetische Regime der Künste die Verbindung von Gegenstand und Darstellungsweise auf.[5] Dabei nehmen Film und Fotografie seiner Meinung nach die Logik auf, »die sich in der Tradition des Romans von Balzac bis zu Proust und dem Surrealismus zeigt, und es ist jenes Denken des Wahren, dessen Erbe Marx, Freud, Benjamin und die Tradition des ›kritischen Denkens‹ angetreten haben: Schön wird das Alltägliche als Spur des Wahren, und es wird zur Spur des Wahren, wenn man das Alltägliche aus seiner Selbstverständlichkeit herausreißt und zu einer Hieroglyphe, zu einer mythologischen oder phantasmagorischen Figur macht.«[6]

Dass sich dieses Wahre jedoch nicht ausschließlich auf eine authentische Repräsentation von real stattgefundenen Ereignissen reduzieren lässt, wird im Werk von Yael Bartana bei der als große Rückprojektion ausgestellten Videoinstallation *Odds and Ends* von 2005 deutlich. Im Gegensatz zu den meisten ihrer übrigen Werke hat die Künstlerin die gesamte Handlung inszeniert und schon während der Dreharbeiten sorgfältigen Einfluss auf Bewegungsabläufe, Farbkompositionen und die Lichtdramaturgie ausgeübt. Auch bei der Präsentation, die nicht nur durch die schiere Größe und farbliche Brillanz des Bildes, sondern auch aufgrund des sich vor ihm ausbreitenden rosa Teppichs als suggestives Spiel aus Farben und Formen gestaltet, überwiegt eine die Sinne irritierende und letztendlich verführende Wirkung. Hierzu trägt auch maßgeblich der von Daniel Meir konzipierte und schwer zu lokalisierende Soundtrack der Arbeit bei, der das in den Bildern angelegte Gefühl der Verlorenheit und Desorientierung potenziert. So sind gleich zu Beginn Stimmen zu hören, ohne das auszumachen wäre, von wem oder woher sie kommen. Zum Eindruck der Orientierungslosigkeit passt auch der visuelle Auftakt eines durch das gewölbte Glasdach einer Shopping-Mall von unten aufgenommenen blauen Himmels. Der Kamerafahrt von oben nach unten folgt die eines mit Personen gefüllten gläsernen Aufzugs von unten nach oben. Abrupte Schnitte und teilweise spiralenförmige Schwenks der Kamera werden abwechselnd durch schnelle Musik und einen eigenartigen Geräuschteppich begleitet. Während zu Beginn das Geschehen am Wühltisch, das begierige Handeln der Schnäppchenjäger zwar chaotisch, aber dennoch rational nachvollziehbar erscheint, entwickelt sich die gesamte Situation zunehmend absurder und gipfelt schließlich darin, dass inmitten der Kleidungsstücke auf einmal kaum merklich ein Mann auf dem Verkaufstisch liegt und sein Körper vom Strom der Verkaufstransaktionen mitgerissen wird. Es gelingt Yael Bartana trotz oder vielleicht aufgrund des sehr realen Settings einer herkömmlichen

5 Jacques Rancière, a.a.O., S. 52. Rancière verdeutlicht dies damit, dass die Würde der verhandelten Themen nicht mehr der Würde der eingesetzten Gattungen entsprechen müsste, wie dies beispielsweise noch in der Tragödie zutraf, die dem Sujet der Adeligen vorbehalten war, während Themen aus dem Milieu der einfachen Leute in der Komödie verhandelt wurden.

6 Jacques Rancière, a.a.O., S. 55.

Einkaufspassage und dem vertrauten Austausch von Konsumgütern gegen Geld, genau das zu kreieren, was Rancière beschreibt, wenn er von der Schönheit des Alltäglichen spricht. Dass diese auch in der Fratze des Konsums erscheint und die formale Erhabenheit der Bilder im Kontrast zur schnöden Trivialität des Ortes und seiner Funktion steht, unterstreicht einmal mehr die von ihm eingeforderte Spannung einer Kunst zwischen Weltwerden und radikaler Autonomie.

Eine weitere Wendung des Inszenatorischen vollzieht Yael Bartana, wenn sie ihre junge Cousine und deren Freunde bittet, ein von ihnen als Reaktion auf die gewaltsame Räumung der Gilad-Kolonie entwickeltes ritualisiertes Spiel vor laufender Kamera in einer hügeligen Gebirgslandschaft auszuführen, wie in der 2005 entstandenen Arbeit *Wild Seeds*. Die Aktion der sich zu Menschenketten verhakenden Jugendlichen, von denen jeweils wechselnde Jungs und Mädchen versuchen, das Knäuel aufzulösen, schwankt dabei uneindeutig zwischen der inszenierten Handlung und der im Eifer des Gefechts zu Tage tretenden realen Verausgabung. Beides, die konzeptuelle Distanz und die körperliche Anziehung, das zuweilen erkennbare begehrende Berühren der Jugendlichen und die aus dem Hintergrund des Spiels resultierende Gewalt, vermengen sich hier zu einem Hybrid aus leidenschaftlicher Teilnahme und einstudiertem Rollenspiel. Mit dieser Konstellation setzt Yael Bartana eine künstlerische Vorgehensweise ein, die zuerst und am markantesten von Bertolt Brecht als Strategie der Verfremdung bezeichnet wurde. In seiner Vorlesung »Passion des Realen und Montage des Scheins« von 1999 beschreibt Alain Badiou das Prinzip der Verfremdung bei Brecht wie folgt: »Es ist eine im Spiel selbst stattfindende Hervorkehrung des Abstands zwischen dem Spiel und dem Realen. In tieferem Sinn jedoch ist sie eine Technik zur Demontage der engen und notwendigen Bindungen, die zwischen dem Realen und dem Schein bestehen, Verbindungen, die darauf beruhen, daß der Schein das wahre Situationsprinzip des Realen ist, das, was die brutalen Effekte der Kontingenz des Realen lokalisiert und sichtbar macht.«[7] Mit dem Rückgriff auf diese Grundbegriffe der Psychoanalyse von Jacques Lacan, bei denen er das Reale als das beschreibt, was weder imaginär noch symbolisierbar ist, entwirft Badiou einen produktiven Widerspruch. Denn für ihn ist dieses sich jeglicher Vorstellung und Repräsentation entziehende Reale eben auf gerade diese Darstellung angewiesen. Badiou umschreibt das aus dem kategorisierten Sein Herausfallende als Ereignis.[8] Es zählt zu den Besonderheiten dieser Ereignisse, dass in ihnen Wahrheit sichtbar wird. Denn obwohl sie für und in bestimmten Kontexten stattfinden, weisen sie über diese hinaus und postulieren eine Gültigkeit jenseits der konkreten Situation.

Am anschaulichsten wird dies vielleicht in der Arbeit *Low Relief II* von 2004. Mit den vier in die Wand eingelassenen Flachbildschirmen unterstützt Yael Bartana durch die architektonisch einfühlsam konzipierte Präsentation die Bedeutung des

7 Alain Badiou, *Le Siècle*, Edition du Seuil, Paris 2005, zit. nach dt. Übersetzung: *Das Jahrhundert*, diaphanes Verlag, Zürich/Berlin 2006, S. 63.

8 Alain Badiou, *Das Sein und das Ereignis*, diaphanes Verlag, Zürich/Berlin 2004 (Originaltext Paris 1988).

filmischen Materials. In vier Segmente unterteilt und durch eine einfache Technik als gräulich-grünes Bild umgewandelt, wirken die Szenerien als wären sie einem antiken Fries entliehen. Somit erhält die hier festgehaltene Demonstration arabischer und jüdischer Organisationen gegen die israelische Besetzung eine Bedeutung, die zusätzlich zum realen Konflikt ein Ereignis festhält, das überzeitliche Wahrheiten vermittelt. Dies wird formal durch den wechselhaften Rhythmus des Verhältnisses zwischen den Bildern evident. Denn während zu Beginn auf allen vier Bildschirmen dieselbe Handlung parallel läuft, wandert diese im Verlauf der Arbeit häufig von einem zum anderen oder gefriert auf allen vieren zum Standbild, so dass der Eindruck eines aus den Fugen geratenen Zwischenkontinuums verstärkt wird. Dabei entwerten die bewusst eingesetzten Wiederholungen der gleichzeitig oder in Abfolge zu sehenden Aktionen zwar das singuläre Bild, präsentieren es aber auch gleichzeitig einprägsamer und unterstreichen seine ikonische Wirkung. Dies gilt sowohl für die jungen Demonstranten mit hebräisch beschriebenen Protestschildern als auch für die Jugendlichen mit Palästinensertüchern. Vor allem aber wird in der formalen Behandlung kaum ein Unterschied zwischen den aggressiven und den alltäglichen Momenten vermittelt. Das Wegtragen der Demonstranten oder der Einsatz von Wasserwerfern wird mit denselben ästhetischen Mitteln wiedergegeben wie eine gewöhnliche Handbewegung oder das Trinken aus einer Wasserflasche. Gerade hierin offenbart sich eine Wahrheit in den festgehaltenen Ereignissen, die jenseits einer einseitig manifestierten Logik liegt.

IN PRAISE OF EQUALITY

EVERYDAY LIFE AS A FOIL FOR THE POLITICAL IN YAEL BARTANA'S VIDEO WORKS

»To pass from the great events and personalities to the life of anonymous individuals, to discover the symptoms of an epoch, of a society or a culture in the tiny details of everyday life, to explain the surface from the invisible, deep layers, and to reconstruct entire worlds on the basis of a few traces (...).« JACQUES RANCIÈRE[1]

»Politics, we hear, is something with an inevitable necessity for human life, not only for the life of the individual, but also for that of society. Because human beings are not autonomous but depend in their existence on others, there must be a caring for existence that concerns everybody without which living together would not be possible.«
HANNAH ARENDT[2]

YILMAZ DZIEWIOR

In my view, Yael Bartana's video installations are not political because they are concerned with the hyper-politicized context of the Near East conflict, but because they succeed in allowing the universal relevance of its archetypal problems to come to light. What usually is to be seen in the artist's works are not the spectacular daily political events from the region reported in the media, but rather, she describes everyday life, actions, encounters and activities of people which in large part could happen also at other times and in other places, so that when viewing her videos, a direct identification arises with the topics she deals with. What this subjective effect, this direct involvement, signifies perhaps becomes clear with a quote from the American artist, Adrian Piper, who, despite all her sympathy for global political art, questions its real, social effectiveness: »Representation of political content alone is unlikely to be successful in effecting political change in the viewer, because it directs the viewer's attention away from the immediate politics of her own situation and towards some other space-time region that may have only the most tenuous connection, if any, to the viewer's immediate personal circumstances.«[3] By contrast, Bartana records situations which today count among the basic life activities of a Western-oriented society such as celebrating, shopping and driving, and even when she portrays unusual moments such as women soldiers at shooting practice (*Profile*, 2000) or a political demonstration by youths and its break-up by the police (*Low Relief II*, 2004), then, here too, her indexical interest is directed toward simple moments, a pause to collect oneselves, the bite into an apple, or drinking from a water bottle. Only in the juxtaposition with what is unusual and the subversion of everyday life by uncanny, astonishing actions (the use of water

1 Jacques Rancière, *Le Partage du sensible. Esthétique et politique*, La Fabrique Éditions, Paris 2000, cited according to the German translation: *Die Aufteilung des Sinnlichen. Die Politik der Kunst und ihre Paradoxien*, ed. Maria Muhle, b_books Reihe PoLYpeN, Berlin 2006 p. 53 f.

2 Hannah Arendt, *Was ist Politik? Fragmente aus dem Nachlass*, ed. Ursula Ludz, Serie Piper, Munich/Zurich 1993, second edition July 2005, p. 36. English translation from the German.

3 Adrian Piper, *Out of Order, Out of Sight*, Cambridge, Mass./London, MIT Press 1996, Vol. 2,

p. 177, cited according to Christian Kravagna, *Political arts, aesthetic politics and a little story about the Nachträglichkeit of experience*, in exhib. cat. *Dinge, die wir nicht verstehen*, Generali Foundation, Vienna 28.01.–16.04.2000, p. 97.

cannon, partying that has got out of control and turned into violence) does the artist transpose what is shown into a sphere of incomprehension and sustained unease. The quotidian nature of the action and the simultaneous partial incomprehension of it involve the viewer lastingly and provoke a more far-reaching, personal evaluation of one's own position.

To underline this seems to be of particular importance because in her work, Yael Bartana employs a decidedly documentary mode. With few exceptions, there are no stagings in her videos, but each of the actions has taken place without the artist's intervention, and is recorded just the way it happened. Only through the subsequent editing of the individual sequences and through the deployment of simple filmic means such as slow motion, superimposition and a specially composed sound backdrop do ruptures, interferences and alienation effects arise which constitute the artistic surplus value of her works. Thus, in the 2001 video installation, *Trembling Time,* the untreated shots of a heavily congested expressway in Tel Aviv, taken by night from a static camera position on the elevated standpoint of a bridge, in themselves do not have any impact beyond pure documentation. And even when, in the course of time, more and more vehicles come to a standstill in the middle of the multi-lane highway and people get out, this causes surprise, but makes us think rather of an accident or some comparable unusual event than of artistically deployed dramaturgy. Only the slow superimpositions and the consequent merging of the vehicles, the intentionally employed blurring and distortions, along with the specially composed atmospheric soundtrack result in a mood that stages, more clearly than any reportage could ever do, the ghostly character of the real action of a minute of silence for fallen Israeli soldiers.

The confrontation with Yael Bartana's aesthetically charged images creates experiences which not only clarify the extremely critical stance of the artist vis-à-vis this ceremony, but also reinforces viewers' sensitivities for observing more critically similar patterns of action in one's own cultural context. The emotional plane of this work is reinforced by the title, *Trembling Time,* because it can be interpreted as a description for both the vibrating of the images and the stirred-up feelings of Israelis when remembering their fallen soldiers. The title thus serves not only to intensify various specific readings, but also to transpose the interpretation into a sphere of universal validity.

This is the case also with other video works by Yael Bartana in which she chooses the work's title in such a way that the limited space and definite time of her film's actions are extended to a metaphorical plane. Thus, *Kings of the Hill* from 2003 depicts in a graphic way the conflict in the Near East. Beyond that, however, with the car brands which frequently can be read, the economic situation and Israel's Western orientation light up subliminally.[4] The large, prestigious cars in

4 Yael Bartana: »I try to stay as close as possible to what interested me in the first place. In *Kings of the Hill*, I was attracted by a western social phenomenon and its local character. (...) I wanted to comment on the symbolic implications, both locally and globally, on this weekly event.« in: *What's The Difference?*, Jörg Heiser and Jan Verwoert discuss the relationship between art and documentary filmmaking with artists Yael Bartana, Annika Eriksson and Gitte Villesen, in: *Frieze* 06–08/2004, # 84, p. 76.

which young men undertake their peculiar, suggestively archaic drives through the sand dunes near Tel Aviv are signs of male potency, warlike vehicles and expensive status symbols at one and the same time. The relevance of *Kings of the Hill* that reaches far beyond the concrete, local context resonates in its fairy-tale-like title which mythically charges the legitimacy of the factual and symbolic occupation of space and at the same time ironically questions it through exaggeration.

In other works as well, such as *When Adar Enters* (2003) or *Wild Seeds* (2005), an ambivalence arises between everyday life and the special situation. Thus, in *When Adar Enters*, the children's costumes oscillate in a strange intermediate sphere between happy carnival dressing-up and possible significance for historical, mythically charged and in part traumatic events. Outsiders who are unfamiliar with the specific history of Israel interpret the many princesses in the work perhaps merely as the dreams of little girls realized just once for the festivities. The title, however, decidedly recalls the story of the princess from the biblical book of Esther in which her commitment to save the Jews living in Persia from the threatening pogrom is related. Yael Bartana films the relaxed celebrations during the Purim festival in the month of Adar in a strictly orthodox suburb of Tel Aviv. Not only through the Old Testament reference to the first (in this case, averted) genocide of the Jewish people does an intermeshing of different times become evident. Many of the children's costumes as well, depicting convicts and soldiers or including gas masks, along with Daniel Meir's acoustic backdrop made up of everyday noises, sirens and sound collages, evoke an atmosphere that conjures up the entire spectrum from thoughtless, noisy celebrating via a threatening, ominous mood to annihilation. What is striking is that in Yael Bartana's video works there is scarcely any difference to be discerned between what is special (the exceptional situation of the Purim festival or the cars driving around aimlessly in the sand dunes) and mundane life with its simple, archetypal, human interactions. By apparently merely documenting the ›customs‹ of her social environment from a distance, a peculiar dehierarchizing of events emerges.

This corresponds to what Jacques Rancière calls the »praise of equality and arbitrariness«. Only through the destruction of conventional hierarchies of representation does the aesthetic regime of the arts dissolve the connection between the object and the mode of representation.[5] In his opinion, film and photography take up the logic »which is apparent in the tradition of the novel from Balzac to Proust and surrealism, and it is that thinking of truth whose legacy Marx, Freud, Benjamin and the tradition of ›critical thinking‹ have taken on. The everyday becomes beautiful as a trace of truth, and it becomes a trace of truth when the everyday world is torn out of its self-evidence and made into a hieroglyph, a mythological or phantasmagoric figure«.[6]

5 Jacques Rancière, op cit. p. 52. Rancière clarifies this by saying that the dignity of the subjects treated no longer has to correspond to the dignity of the genres employed, which still applied, for instance, to tragedy, which was reserved for aristocratic subjects, whereas subjects from the milieu of the common folk were dealt with by comedy.

6 Jacques Rancière, op cit. p. 55.

That this truth, however, cannot be reduced exclusively to an authentic representation of events that have really happened becomes apparent in Yael Bartana's work with the 2005 video installation, *Odds and Ends*, shown as a large rear projection. In contrast to most of her other works, the artist staged the entire action and, already during filming, carefully intervened in the sequences of movement, colour composition and light effects. With the presentation as well, which is sculpted as a suggestive play of colours and forms not only through the sheer size and colourful brilliance of the image, but also through the pink carpet spread out before it, an effect predominates which confuses and ultimately seduces the senses. The work's soundtrack, composed by Daniel Meir and hard to localize, contributes incisively to this effect by intensifying the feeling of lostness and disorientation inherent in the images. Thus, right from the beginning, voices are to be heard without it being possible to discern from whom or from where they are coming. The impression of a lack of orientation fits well with the visual prelude of a blue sky shot from below through the arched glass roof of a shopping mall. The vertically downward camera movement follows a glass elevator filled with people. Abrupt cuts and some spiral loops of the camera are accompanied alternately by fast music and a strange backdrop of sounds. Whereas at the beginning, the happenings at the bargain table, the greedy actions of the bargain hunters seem to be chaotic, but nevertheless comprehensible, the entire situation becomes increasingly absurd and culminates finally in a man, lying on the display table, almost imperceptibly coming into view among the clothes and his body being sucked into the stream of sales transactions. Despite, or because of, the very real setting of a conventional shopping mall and the familiar exchange of consumer items for money, Yael Bartana succeeds in creating precisely what Rancière describes when he speaks of the beauty of everyday life. The fact that this beauty appears also in the ugly face of consumerism, and the formal sublimeness of the images contrasts with the despicable triviality of the place and its function, underscore once more the tension he demands of an art poised between world-becoming and radical autonomy.

A further turn toward staging is made by Yael Bartana when she asks her young cousin with her friends to perform before the camera in a mountainous landscape – as in the 2005 work, *Wild Seeds* – a ritualized game developed by them as a reaction to the violent clearing of the Gilad colony. The performance by the youths joined together to form human chains, from among whom alternately boys and girls try to break the knot, oscillates ambiguously between the staged action and the real exhaustion that comes about through sheer exertion. Both – the conceptual distance and the bodily attraction, the sometimes recognizably desirous touching among the youths and the violence resulting from the game's background – combine here to form a hybrid of passionate commitment and studied role play. With this constellation Yael Bartana employs an artistic procedure which was first used most strikingly by Bertolt Brecht as the so-called strategy of alienation. In his 1999 lecture, ›Passion of the Real and the Assembling of Illusion‹, Alain Badiou describes the principle of alienation in Brecht as follows: »It is an underscoring of the distance between the game and the real that takes place in the game itself. In a deeper sense, however, it is a technique of deconstructing the close and necessary ties existing between the real and illusion, connections based upon the fact that illusion is the true situational principle of the real, that which localizes and makes visible the brutal effects of the real's contingency.«[7] With recourse to the fundamental concepts of psychoanalysis by Jacques Lacan in which he describes the real as that which is neither imaginary nor symbolizable, Badiou casts a productive contradiction since, for him, this real, which eludes every representation, has to rely precisely on representation. Badiou describes that which falls out of categorial being as the event.[8] One of the special features of these events is that truth becomes visible in them because, although they take place for and within certain contexts, they point beyond these contexts and postulate a validity beyond the concrete situation.

This becomes most graphically depicted perhaps in the 2004 work, *Low Relief II*. With the four flat screens installed in the wall, Yael Bartana underlines the significance of the filmic material through the presentation's sensitively conceived architectonic structure. Split into four quadrants and transformed by a simple technique into a grey-green image, the scenes have an effect as if they were taken from an ancient frieze. Thus, the demonstration by Arab and Jewish organizations against the Israeli occupation recorded here gains a significance which, in addition to the real conflict, records an event that communicates timeless truths. This becomes evident formally through the changing rhythm of the relations among the four images. Whereas at the beginning the same action is running in parallel on all four screens, during the course of the work the action frequently wanders from one to another or is frozen on all four screens into a still. The simultaneous or consecutive repetitions of the actions shown, intentionally employed, depreciate the individual image, but at the same time present it more indelibly, underscoring its iconic effects. This holds not only for the young demonstrators holding up protest placards written in Hebrew, but also for the youths with Palestinian headscarves. Above all, however, in the formal treatment, scarcely a single difference between the aggressive and the everyday moments is communicated. The demonstrators being carried away or the use of water cannon is rendered with the same aesthetic means as a normal movement of the hand or drinking from a water bottle. Precisely in this way a truth is revealed in the recorded events which lies beyond a one-sidedly manifest logic.

7 Alain Badiou, *Le Siècle*, Edition du Seuil, Paris 2005, cited according to the German translation *Das Jahrhundert*, diaphanes Verlag, Zurich/Berlin 2006, p. 63. Translation from the German.

8 Alain Badiou, *Das Sein und das Ereignis*, diaphanes Verlag, Zurich/Berlin 2004 (original French: Paris 1988). Translation from the German.

ÜBER KINGS OF THE HILL
UND ANDERE VIDEOVIGNETTEN VON YAEL BARTANA

MOSHE NINIO

Nur etwa sieben Minuten von insgesamt fünfzig der von Yael Bartana in den letzten sechs Jahren geschaffenen Videosequenzen haben ihren Ursprung in einem Ereignis, das weder auf einem Territorium stattgefunden hat noch dort inszeniert wurde, das sich im weiten, vagen Sinne als israelisch bezeichnen ließe (eine permanente Vagheit, die in der kurzen Videovignette *Freedom Border* verdeutlicht wird). Jene sieben Minuten sind die einzigen, die nicht vermittels zahlreicher durch die israelische Rechtslage oder den öffentlichen Raum in Israel erzeugte Situationen explizit auf das Territorium »Israel« fokussiert werden. Viele der Situationen – allesamt als Videovignetten[1] aufgenommen, geschnitten und präsentiert – nehmen sozusagen eine Neudefinition der gültigen Grenzen der israelischen Gesellschaft und ihres Territoriums sowie des alle Israelis verbindende imaginär Dargestellte vor. In ihnen wird die israelische Öffentlichkeit als ein zeremonieller Raum gezeigt, der von oben durch ein geordnetes Staatsritual strukturiert ist. Dieses wiederum wird durch die symbolische Ordnung des jüdisch-zionistischen Nationalstaats konstituiert, der in diesem Raum Massen-Bildveranstaltungen initiiert. Dazu zählt auch das Filmbild, das in *Trembling Time* – einer Überblendung von Fahrzeugen, die ihre Fahrt verlangsamen und zum Stehen kommen – und des fast zum Standbild verzögerten Films, der bis zum allmählichen Stillstand verlangsamt wird, und die Funktion des Imaginären in der alljährlichen Gedenkminute für die Gefallenen der israelischen Kriege annimmt. Dasselbe gilt für das Bild des hohlen, improvisierten, sich seiner selbst nicht bewussten Landrituals, welches in der Videoinstallation *Kings of the Hill* in ununterbrochener Fortsetzung »von unten« in den Alltag eindringt.

Diese sieben Minuten aus *You Could Be Lucky* bilden bis heute die einzigen, die sich nicht direkt oder indirekt mit jenem Territorium und den unterschiedlichen Formen der Selbstpositionierung im Verhältnis zu ihm befassen. Hier geht es vielmehr um eine gesellschaftliche Klasse, wie sie sich dem Blick eines Fremden darstellen könnte – eines reisenden Künstlers, der beauftragt wurde, auf eine der israelischen sehr unähnliche und – nicht zufällig – ausgesprochen britische Öffentlichkeit zu reagieren. Zahlreiche lebhafte Zuschauer, identifizierbar als Teil des »einfachen Volks«, haben sich zum alljährlichen Grand National-Pferderennen in Liverpool eingefunden – eine purimhafte Coverversion der Ascot Races, den Pferderennen der

1 Der Begriff Vignette, die vielleicht treffendste Bezeichnung der Arbeiten Yael Bartanas, ist eine Entlehnung aus dem Bereich der Literatur und des Theaters im Sinne einer kurzen, ihrem Charakter nach impressionistischen Szene, welche sich auf das Flüchtige, das auf den Moment Beschränkte, auf einen einzigen Schauplatz konzentriert. Die Vignette – das literarische Pendant zum Schnappschuss, der in einem Sekundenbruchteil die Szenerie eines Ereignisses oder Schauplatzes erleuchtet – vermeidet Narrativität und eine eindeutige Kausalstruktur und bevorzugt dagegen das eher Fragmentarische, Beiläufige.

britischen Elite – und ahmen auf extreme, clowneske Weise die Rituale, Kleidung und Manieren der Oberschicht nach, deren Aneignung und Übernahme sich wahrscheinlich allein der vorherigen Bericht- und Bilderstattung in den Medien verdankt. Unklar bleibt, inwieweit diese Klassentravestie sich auf den Gegenstand der Imitation richtet, beziehungsweise einen performativen Akt von Selbstironie darstellt. Der kurze Film – größtenteils von einem extrem niedrigen Blickwinkel aus aufgenommen, der von kleinen Menschen gern zur symbolischen Kompensation ihrer Körpergröße genutzt wird – setzt dieses karnevalistische Ereignis von Angehörigen einer bestimmten Schicht ein, um etwas über eine andere Gesellschaftsschicht auszusagen, die in der Sequenz unsichtbar bleibt.

Bei *Odds and Ends*, unmittelbar danach in Israel entstanden, handelt es sich um die erste von Bartanas »israelischen« Videovignetten, die sich nicht mit dem sichtbaren politischen/nationalen Phänomen »Israel« befassen, sondern mit der klassenspezifischen/ethnischen/gesellschaftlichen Schichtung des Landes. Die Aufmerksamkeit der Menschenmenge, die wir hier in Form eines vorgeblichen Videomitschnitts eines konkreten Ereignisses sehen, ergänzt durch eine spätere, inszenierte Einstellung, richtet sich nicht etwa auf den nachgestellten Kampf um Land (wie in *Kings of the Hill* dokumentiert und in *Wild Seeds* inszeniert) und nicht auf ein kollektives Gedenken oder ein gemeinsames Trauma (wie in *Trembling Time*, *Ad De'lo Yoda* oder *When Adar Enters*), sondern auf das Ausverkaufsgerangel in einem Einkaufszentrum. Die Schauspieler beziehungsweise Statisten, die als Vermittler zwischen Yael Bartanas Blick und dem Handgemenge der Konsumenten um die Waren fungieren, sind zwei Jugendliche, deren Hautfarbe sie als möglicherweise ethnisch und somit klassenmäßig Ausgeschlossene kennzeichnet (ich als Israeli vermute, dass es sich bei ihnen um jüdische Einwanderer aus Äthiopien handelt). Auf den Gesamtzusammenhang bezogen, befinden sie sich auf einer höheren Stufe, da sie sich physisch, wenn auch nicht in ihren Augen, außerhalb des Geschehens befinden. Der Fokus des dokumentarischen Blicks der Filmemacherin liegt hier nicht mehr auf der Fetischware des alten Flaneurs, sondern auf der Wirkung, die diese auf andere ausübt, also auf der Art und Weise, wie durch sie eine Bewegung ausgelöst wird. Demnach umfasst der Film drei verschiedene Blicke, die auf unterschiedlichen Ebenen des Einkaufszentrums und zu verschiedenen Zeiten stattfinden, schnitttechnisch jedoch zusammengefasst werden, wobei der Blick der Kamera zwischen dem Blick derjenigen, die auf die markant durch die Farbe Pink ausgedrückte Versuchung reagieren, und denjenigen vermittelt, die von einer Teilhabe ausgeschlossen sind. Ebenso wie in *You Could Be Lucky* wird zusätzlich zu den beiden vertretenen Gesellschaftsklassen und ethnischen Herkunftsgruppen auf eine dritte Käuferschicht verwiesen, die lediglich durch ihre Reste, die zum Verkauf angebotene ungewollte Ware angedeutet wird.

Alle anderen Videovignetten Yael Bartanas konzentrieren sich auf den israelischen Ereignisraum und verorten sich in jener Schleife, die sich zwischen dem Realem und dem kollektiven Imaginären ausbreitet. Dieser Schritt lässt sich als ein In-Anführungszeichen-Setzen des Begriffs Israel beschreiben: Israel, das sich kategorisch anhand seiner Selbstbezeichnungen repräsentieren lässt – durch die Landesflagge in *Trembling Time* und in *Sirens' Song*, die Militär- und Polizeivertreter in *Low Relief II*, die Militärmusik in *Disembodying the National Army Tune* –, wird als Ereignis dargestellt, bei dem sich nicht mehr zwischen alltäglicher Faktizität und seinen imaginären, symbolischen Aspekten unterscheiden lässt, als ein Zwischenzeit-Ort, der sich immer noch über ein kollektives nationales Imaginäres konstituiert (anders als das europäische kollektive Imaginäre, das glaubt, den ethnischen Nationalismus abgelöst zu haben). Yael Bartanas Videovignetten folgen dem Blick einer ganz besonderen Dokumentarfilmerin, die zwar einem ethnischen Kollektiv »angehört« und ein Insiderwissen diesbezüglich und hinsichtlich seiner Bräuche besitzt, sich selbst allerdings in Schieflage zu diesem Kollektiv bringt. Die Videovignetten veranschaulichen diesen Ort des Ringens zwischen dieser Zugehörigkeit und den Autoritätsmechanismen, die die Bedingungen des nationalen Elements bilden. Zur Herstellung einer solchen Konfliktbeziehung zum Kollektiv bedient sich Yael Bartana der Distanz oder Nähe erzeugenden Kameramittel. Hinzu kommen die Zeitoperationen des bewegten Bildes, hier in ihrer abgeschwächten Form einer flanierenden, weiblichen Chronistin mit Videokamera. Während das Kollektive durch Embleme des Vaterlandes und des Gehorsams ihm gegenüber akustisch in Form von Sirenengeheul am Gedenktag oder die einen Zustand körperlicher Erstarrung erzeugende Militärhymne gekennzeichnet sind, dienen die kurzen Filme, so wie sie durch den weiblichen Körper der Kamerafrau aufgenommen werden, als Hilfsmittel, um sich »herauszuwinden«, als Gegenbewegung zum sich »hineinbohren«, welches durch die symbolische Ordnung des Kollektivs gefördert wird.

Viele der vignettenhaften Filme erschaffen ein komplexes Bild zur Dekonstruktion jener Bilder, welche sich der dem israelisch-jüdischen Kalender und dem öffentlichen Raum zugrunde liegenden symbolischen Ordnung verdanken. Diese Bilder schaffen und bewahren das traumatische Imaginäre eines unablässig bedrohten Kollektivs. Die beiden Filme *When Adar Enters* und *Ad De'lo Yoda* beziehen sich auf das Purimfest, jenen Feiertag des jüdischen Kalenders, an dem sich Juden wie das komplette Gegenteil ihrer selbst verhalten sollen und als wesentlicher Faktor des Maskenhaften und Theatralischen in Bartanas Vignetten fungieren, das in *Wild Seeds* eine zentrale Rolle spielt. Damit stehen sie für die Koexistenz des Imaginären innerhalb des Alltäglichen: In *Ad De'lo Yoda* sind wir Voyeure, die dem heimlichen Blick der Kamerafrau auf ein geschlossenes Ereignis folgen, das ausschließlich Männern und männlichen Jugendlichen vorbehalten ist, die für diesen speziellen

Tag zur Verhöhnung ihrer geschlagenen Feinde scheinbar deren Kleider tragen. Diese beiden Videovignetten über das Purimfest, welches an die kollektive, im letzten Moment erfolgte Errettung vor einem drohenden Völkermord erinnert, entstanden in städtischen Enklaven orthodoxer Juden und greifen damit der imaginären Zeitachse voraus, auf der die anderen Videovignetten Yael Bartanas angesiedelt sind und sich auf die späteren (zionistischen) Konsequenzen dieser Entwicklung beziehen.

Die hier vorgenommene, scheinbar selektive Einteilung, anhand derer die Drehorte der Arbeiten bestimmt werden – »Israel« gegenüber bislang nur einem einzigen anderen Fall – erzeugt eine Zusatzbedeutung aufgrund eines unvermeidlichen biographischen Details: einer umgekehrten Zeiteinteilung zwischen »erlebter Zeit« und jenen Zeitabschnitten einer »herauswindenden« Wiedergabe, bestehend aus »hineindrehenden« Darstellungen auf Seiten der Obrigkeiten, dem Joch der Geschichte. Diese Beschäftigung mit Bewegung und Stillstand lässt Israel als ein aus den Fugen geratenes Ereignis erscheinen. Man kann in Yael Bartanas Fall durchaus von einer sehr speziellen Dokumentarfilmerin sprechen, deren Dokumentationen um eine gewundene Form der Koexistenz kreisen, die nicht außerhalb, aber auch nicht innerhalb des ethnischen Kollektivs anzusiedeln ist, dessen semitribalistische Praktiken (siehe *Kings of the Hill*) sie visuell darstellen will. Daher ist jeder kurze Film aus der »Israel«-Reihe das Ergebnis einer bestimmten Reise mit anthropologischem Charakter, die von innen zu einem Zuhause von jemand führt, der diesen Ort zwar nicht mehr bewohnt, aber weiterhin von ihm heimgesucht wird.

Bartanas Videovignetten unterscheiden sich untereinander hinsichtlich der Beziehung zwischen dem jeweiligen Ereignis und seiner Darstellung. Am extremen Ende der Skala stehen streng rhetorische Arbeiten auf der Grenze zum politischen Stand-Up, beispielsweise *Tuning*. Daneben finden sich Arbeiten, in denen die vorliegende Äußerung eines organisierten Rituals in eine Darstellung eines Bildes verwandelt wird, wie etwa *Trembling Time*. Am anderen Ende der Skala stehen wiederum Filme, die von der entgegengesetzten Richtung ausgehen, nämlich von der Reaktion auf einen Reiz, einer Echtzeitbeobachtung, die in eine konstruierte filmische Darstellung verwandelt wird, der gegenüber die Realität nach und nach ein geheimes Ritual preisgibt, das so noch nicht formuliert wurde. Ein bezeichnendes Beispiel für diese Gruppe ist *Kings of the Hill*. Während in *Trembling Time* der Übergang vom alltäglichen Zeitkontinuum zu einem sechzig Sekunden andauernden Augenblick eines kollektiv anerkannten, gestisch-rituellen Ereignisses gezeigt wird, visualisiert *Kings of the Hill* bereits eine ebenfalls mit Bewegung und Zeit verknüpfte andere Windung innerhalb des Alltäglichen. Wenn *Trembling Time* hinsichtlich der filmischen Darstellung und Entfremdung sowie Erstaunen erzeugenden Bildbearbeitung an eine Szene aus einem Science-Fiction-Film erinnert – ich denke an die Schlussszene von *Close Encounters of the Third Kind* (dt. *Unheimliche Begegnung der Dritten Art*) – so verfügt *Kings of the Hill* über die filmischen Eigenschaften eines Westerns.

Kings of the Hill ist eine siebenminütige Videovignette, die ein anekdotisches Ereignis, wenn auch mit rituellem Charakter – ein sich wöchentlich wiederholendes Treffen zum Zwecke ungerichteter Kräftevergeudung – in eine Allegorie über die Bewegung, oder besser das Festgefahrensein verwandelt. Diese Allegorie weist Qualitäten eines Epos beziehungsweise eines umgekehrten Epos auf, das vom Scheitern eines heroischen Ereignisses – des zionistischen Projekts – erzählt.[2] Hierbei handelt es sich vielleicht um die aussagestärkste Arbeit Yael Bartanas, was ihre genau ausbalancierten Verflechtungen zwischen Anekdote und Allegorie, zwischen Beobachtung und Ikone betrifft. Im Gegensatz zu jenen Werken, in denen es in verschiedener rhetorischer Weise um die Illustration oder Konkretisierung des allgemeinen Gegenstands »Israel« geht, liegt der Schwerpunkt dieser Arbeit gerade in der Möglichkeit einer Deutung jenseits der Fesseln nahe liegender Optionen. Das zentrale Motiv dieses Films ist Abweichung: Yael Bartana zeigt motorisierte männliche Personen bei einer Sisyphusarbeit, dessen Ziel die Eroberung oder Inbesitznahme eines Streifens Brachland am Stadtrand ist, der am Horizont zu sehen ist. Als Einheimischer erkenne ich in diesem Ort unmittelbar Herzliya Pituach wieder, einen mittelständischen Vorort im Norden Tel Avivs, benannt nach dem Gründervater der zionistischen Bewegung Theodor Herzl. Einige der wohlhabenderen Bewohner fahren Markengeländewagen, andere wiederum mehr oder weniger geländetaugliche Nutzfahrzeuge. Als Israeli kann ich mit einiger Sicherheit die gesellschaftliche und ethnische Schicht ausmachen, welcher der jeweilige Fahrer – ein »Kleinunternehmer« – angehört. Sie alle fahren nirgendwohin. Ihre zwanghafte Bewegung vermittelt lediglich ihr eigenes Festgefahrensein und, wie bei den geharnischten Junggesellen in Duchamps *Großem Glas*, ihre Blindheit gegenüber dem Leben.

Die zufällige Vertrautheit mit dem Ort – einem der letzten Landstriche in der Gegend um Tel Aviv, dessen Immobilienpotential noch nicht ausgeschöpft wurde – veranschaulicht die Diskrepanz zwischen diesen bedingt geländegängigen Fahrzeugen und dem Mangel an Fläche, dem Fehlen von Raum. Im Verlauf der siebenminütigen Videosequenz versinkt im Westen die Sonne im Meer, zieht die Dunkelheit herauf und tritt elektrisches Licht anstelle des natürlichen. Eine zusätzliche Information, über die ich als Israeli verfüge, betrifft die Tatsache, dass ein solches Ereignis jeden Freitag in der Abenddämmerung zu Beginn des Schabbats stattfindet – einem Zeitpunkt von höchster Bedeutung innerhalb der jüdischen Woche. Zu dieser Stunde wohnten einst die Vorfahren dieser motorisierten Akteure passiv der heiligsten Zeremonie der Woche bei, welche den Übergang von den sechstägigen, »männlichen« Werktagen zum Schabbat, dem weiblichen Aspekt der jüdischen

2 Man könnte es als Gegenbild zur »zionistischen Fotografie« beschreiben, ein Oberbegriff, der die Aktivitäten einer nicht homogenen Gruppe jüdischer Fotopioniere bezeichnet, die in den 30er Jahren des vergangenen Jahrhunderts als europäische Emigranten im Mandatspalästina lebten. Hauptaugenmerk der »zionistischen Fotografie« war die Errichtung neuer jüdischer Siedlungen – die bestimmende Tätigkeit des zionistischen Projekts auf seinem heroischen Höhepunkt, die mit unterschiedlichsten rhetorischen Schlagwörtern wie »Inbesitznahme der Scholle«, »Eroberung des Bodens«, »Erlösung des Landes«, »Fruchtbarmachen der Wüste« verklärt wurde. Es handelte sich um eine instrumentalisierte, »mobilisierte« Fotografie, die ihrerseits (und das lässt in gewisser Weise an Yael Bartanas bewegte Bilder denken) zwischen Pseudodokumentation und glorifizierender Inszenierung symbolischer Situationen changierte, die als tatsächliche Ereignisse getarnt wurden. Sie entstand im Auftrag der vorstaatlichen zionisti-

schen Institutionen und richtete sich sowohl mit dem Zweck der Propaganda wie auch mit dem Ziel der Akquirierung von Geldern an Adressaten in Europa. Siehe dazu: Oded Yedaya, *Auf dem Weg zu gesellschaftlichem Funktionieren. Über die Fotografien Zoltan Klugers aus der ›Mauer-und-Turm-Phase‹*, in: *Kav* # 10, Juli 1990 (hebräisch).

Gottheit, markiert. Hierbei handelt es sich um die einzige Zeremonie, die im häuslichen Bereich durch die Frau vollzogen wird, die wiederum für den Übergang vom Irdischen zum durch Untätigkeit gekennzeichneten Sakralen zuständig ist. Die von dieser Veranstaltung ausgeschlossenen Frauen, im vorliegenden Fall die beiden abseits sitzenden, womöglich Mutter und Tochter, die darauf warten, dass die Männer von ihrem symbolischen Feldzug zurückkehren, bilden vielleicht den Mittelpunkt des Films. Dieser zeichnet sich durch eine doppelte Melancholie aus: Sie umgibt einerseits das zionistische Projekt, auf dessen Niedergang und Verfall diese Allegorie möglicherweise verweist und andererseits ist sie Teil der Künstlerin selbst, die sich im konkreten Akt des Filmens ihres eigenen Ausgeschlossenseins von dieser abgeschlossenen Welt der Männer (und den auf das Ende des sinnlosen männlichen Manövers wartenden Frauen) bewusst wird, deren Aufrechterhaltung jenes hohle Ritual in seiner endlosen Wiederholung dient.

ON KINGS OF THE HILL

AND SOME OTHER VIDEO VIGNETTES BY YAEL BARTANA

MOSHE NINIO

Some seven minutes, out of a total of some fifty minutes in all the short video films Yael Bartana has made in the past six years, stem from an event that did not occur nor was staged or enacted in territory that is Israeli in the broad, vague sense of the term (an ongoing vagueness that is made clearly visible in the brief video vignette *Freedom Border*). Those seven minutes are the only ones that are not focused insistently on this territory – »Israel« – through several situations that the State's rule or the Israeli public sphere produces or fabricates. Many of the situations – all of them shot, edited and presented as video vignettes[1] – as-it-were redefine the effective boundaries of the Israeli collectivity and territory, of what is presented as the Israeli bonding imaginary. In them, the Israeli public domain is shown as a ceremonial space, structured from above by an ordered state-ritual that is constituted by the symbolic order of the Zionist-Jewish nation state, which initiates mass image-events in it. One such is the moving image that is slowed to a double halt in *Trembling Time,* a fusion of the motor vehicles slowing down to a complete halt, and the film slowing down to become almost a stills photograph, which converts to the status of the imaginary the annual minute of stillness to honor the fallen in Israel's wars. Another is the framing of the hollow, unplugged land-ritual, improvised and unconscious-of-itself-as-such, that comes »from below« in an uninterrupted continuity to the everyday, in the video vignette *Kings of the Hill.*

These seven minutes, which belong to *You Could Be Lucky*, are the only ones so far that do not deal directly or indirectly with that territory and with various ways of positioning oneself in relation to it; they deal with a social class, as may be expected from the gaze of a foreigner – an itinerant visiting artist who is commissioned to respond to a public domain very different from the Israeli one and, not by accident, distinctively British. A large and especially animated crowd of spectators, identifiable as belonging to the »common« class, who have come to the annual Grand National race meeting in Liverpool – a Purim-like cover version of the Ascot races, the race meeting of the British elite – and in a clownish, extreme fashion imitate the ceremonies, the attire and the manners of the upper class, which they probably have been able to pick up and emulate only by watching prior images in the media. It is not clear to what extent this class drag-show is directed at the object of imitation or constitutes a performative act of reflexive humor. The short film –

1 The term vignette, which is perhaps the most suitable generic term to describe Bartana's video works, is borrowed from the parlance of literature and theater, in the sense of a brief scene, impressionistic in character, that focuses on the transient, the momentary, at a single site. The vignette – the literary equivalent of a snapshot, which in a split-second illuminates a space of an event/place – avoids narrativity and a structure of distinctive causality, preferring the fragmentary, the by-the-way.

taken mostly from an especially low vantage point, which height-challenged people often use as symbolic compensation – makes use of a carnival-like event of members of one class to say something about another class that is not visible in it at all.

Odds and Ends, which was made immediately after it, in Israel again, is the first of Yael Bartana's »Israeli« vignettes that engages not with visual political/national phenomena of »Israel« but with class/ethnic/social stratification. The focus of attention of the crowd we see here – through what looks like a video snap of a concrete event complemented by a later staged situation – is not a played struggle over land (as observed and documented in *Kings of the Hill* or enacted in *Wild Seeds*), not a collective memory or a shared trauma (as in *Trembling Time, Ad De'lo Yoda* and *When Adar Enters*), but a squabble over reduced-price merchandise at a mall sale. The actors/extras who function as mediators between Yael Bartana's gaze and the shoppers squabbling over the merchandise are two boys, the colour of whose skin marks them as possibly excluded on ethnic and hence also on class grounds (I, as an Israeli, assume that they stem from the Ethiopian immigration) and who are on a higher level in the complex, outside the occurrence bodily but not in their gaze. Here, the focus of the filmmaker's witnessing gaze is no longer the old *flâneur's* fetishized merchandise, but its effect on others, on the way it ignites movement. The film, then, comprises three different gazes that are situated on different levels of the shopping mall, and in different times, patched by editing, while the camera's gaze connects the gazes of those who are responding to the temptation, the prominent expression of which is the colour pink, with the gaze of those who are prevented from taking part. As in the case of *You Could Be Lucky*, in addition to the two class/ethnic groupings represented in it, a third customer class is indicated, implied only by the leftovers, the unwanted merchandise put out for sale.

All of Yael Bartana's other video vignettes focus on an Israeli terrain-as-event, situating themselves in the loop that extends between the real and the collective imaginary. The move can be described as putting »Israel« inside quotation marks: Israel, which is categorically represented by means of its reflexive markers – its national flags in *Trembling Time* and in *Sirens' Song*, its military and police representatives in *Low Relief II*, its military forces tune in *Disembodying the National Army Tune* – is presented as an event in which we can no longer distinguish between its everyday facticity and its imaginary, symbolic aspects, as a place in between times that is still constituted by a national collective imaginary (unlike the European collective imaginary, which believes it has been redeemed from ethnic nationalism). Bartana's video vignettes hang the gaze on a documentarist of a very particular kind: one who »belongs« to an ethnic collective and has an inside knowledge of it and its ceremonies, but positions herself obliquely towards it. The video vignettes exemplify this locus of struggle between the »belonging« and the mechanisms of authority that construct the conditionings of the national coefficient. In order to produce this conflicted coexistence with the collective, she activates the distancing/proximating dimensions of the camera. To this one should add the time operations of the moving image, here in their weak form, of a female cruising for images with a video camera. While the collective is marked with the emblems of a father-state, obedience to which is marked by a sound, the memorial day siren or the military anthem that produces a stance of bodily freeze, the short films, in the manner that the female videographer's body takes them, serve as aids for screwing oneself out, in what is presented as a counter-movement to the movement of screwing in that is activated by the collective's symbolic order.

Several of the vignette-like films compose a complex image that aims to deconstruct the images constituted by the symbolic order underlying the Jewish-Israeli calendar and public domain. These images activate and maintain a traumatic imaginary of an always threatened collective. Two of the films, *When Adar Enters* and *Ad De'lo Yoda*, relate to the Purim holiday, the one day in the Jewish year when Jews are supposed to be the absolute others to themselves, and are major participants in the fancy-dress and playacting coefficient in Bartana's vignettes – playacting is a major aspect of *Wild Seeds* – and in the coexistence of the imaginary in the realm of the everyday: In *Ad De'lo Yoda* we are voyeurs who follow a camerawoman's intrusive, voyeuristic gaze into a closed event of some men and youths dressed for one day, mockingly, joyfully, in what look like the clothes of their defeated enemies. These two video vignettes on Purim – a day that marks an ancient collective last-moment reprieve from genocide – were shot in some urban enclaves of orthodox Jews, and in this they anticipate the imaginary time axis upon which are located the other video vignettes, which relate to the later (Zionist) mutation of this move.

The seemingly finicky division proposed here, which defines the works in terms of the locations where they were shot – »Israel« versus the one other case so far – possesses a surplus meaning because of an unavoidable biographical detail: a converse division of times – between »experienced-time« and the spans of time of producing representations in the sense of screwings out, out of representations in the sense of screwings in, on the part of the authorities, the yoke of history – the engagement of which in movement and halting presents Israel as an event gone wrong. Since in the case of Yael Bartana we are speaking about a documentarist of a very particular kind – one whose documentation revolves around a convoluted coexistence that is not outside but already not inside in relation to her ethnic collective, whose semi-tribal practices (see *Kings of the Hill*) she seeks to represent visually – it may be said that each short film from the »Israel« group is an outcome of a specific journey, possessing an anthropological character, from within, to a place that is the estranged home of someone who does not live in it any more, but is still haunted by it.

Yael Bartana's video vignettes differ from one another in the twist that occurs in them in the relations between the event and its representation. At one extreme are works of a categorically rhetorical kind, that verge on political stand-up – one can think of *Tuning;* then there are video vignettes that convert an existing manifestation of an ordered ritual into an image-representation, like *Trembling Time;* at the other extreme are works that start from the opposite direction, from a response to a stimulus, a real-time observation, which is converted into a constructed filmed observation, before which the real-world situation discloses a concealed ritual that has not yet been formulated as such, of which *Kings of the Hill* is the supreme example. If the work *Trembling Time* shows a transition from everyday duration to a sixty seconds moment of a collectively accepted ritual gesture-event, *Kings of the Hill* already shows a different twist, within the everyday, also connected with movement and time; if *Trembling Time*, in the manner it is shot and the picture is processed, producing estrangement and astonishment, recalls a scene from a sci-fi movie – the closing scene of *Close Encounters of the Third Kind* comes to my mind – *Kings of the Hill* has cinematic characteristics of a Western.

Kings of the Hill is a seven-minute video vignette which converts an occurrence that is anecdotal, although it does possess a ritualistic dimension – a recurrent, repetitious, weekly gathering for a vacuous expenditure of energy – into an allegorical motion picture that deals with movement, or more precisely, stuckness, and possesses dimensions of an epic, or rather of an epic in reverse, the story of how an event of heroic-epic dimensions – namely, the Zionist project – went wrong.[2] It is perhaps Yael Bartana's most evocative work, in its well-balanced twisting between the anecdotal and the allegorical, between the observational and the iconic. In contrast to works whose interest, while using varying degrees of rhetoric, is to illustrate or make perceptible the extended subject »Israel«, the interest in this work is the possibility of reading it in a way that goes beyond the fetters imposed by the already obvious critical menu. Her central overt motif is a deviancy: Yael Bartana shows motorized males engaged in a sisyphic activity, the goal of which is to conquer or master a plot of wild land at the margins of an urban expanse visible on the horizon. I, as a local, immediately recognize it as Herzliya Pituach, a suburb-city of the upper middle class to the north of Tel Aviv, which is named after the father of the Zionist movement, Theodor Herzl. Some of them, the more fortunate, drive real brand-name off-road vehicles; others drive offroad-challenged commercial vehicles. I, as an Israeli, can with quite some certitude identify the class they belong to – the small »self-employed« – and perhaps also their ethnic origin. All of them are driving nowhere. Their obsessive movement conveys their stuckness and, like the armored bachelors in Duchamp's great allegory *The Large Glass,* their blindness to being.

2 One may describe it as a reverse-image of what is known as »Zionist photography«, a term that covers the work of a non-homogeneous group of Jewish photography pioneers, refugees from Europe, in Mandatory Palestine during the 1930s. The focus of this »Zionist photography« was the establishment of new Jewish settlements – the constituting activity of the Zionist project at its heroic height, with all its various rhetorical slogans at that time: »reclaiming the ground«, »conquest of the land«, »redemption of the soil«, »making the wilderness

blossom«. This was a »mobilized« photography, which moved in reverse (in a way that brings to mind Bartana's moving images) between quasi-archival documentation and glorifying stage-directing of iconic situations disguised as actual events; a photography that was commissioned by the pre-State Zionist institutions, its products designed for addressees in Europe – for both propaganda and financing purposes; see Oded Yedaya, *On the Road to Social Functioning: About the Photographs of Zoltan Kluger from the Wall-and-Stockade Period*, *Kav* # 10, July 1990 (in Hebrew).

This circumstantial acquaintance with the place – one of the last pieces of land in the Tel Aviv area whose real-estate potential has not yet been exploited – makes perceptible the disparity between the potential of those »challenging« off-road vehicles and the shortage of land, the lack of space. The viewer sees that in the course of the seven minutes of the short film the sun sinks into the sea in the west, darkness descends, and natural light is replaced with electrical light. Another important circumstantial knowing I possess as an Israeli: an occurrence like this one takes place weekly, every Friday at twilight, Sabbath Eve – a most special time of in between times in the Jewish week. At this same hour, these motorists' forefathers, not long ago, would have been passive participants in the most sacred ceremony of the week, which marks the transition from the six mundane days – the weekdays of practicality that belong to the active, masculine domain – to the domain of the Sabbath, the feminine aspect of the Jewish Godhood. This is the only ritual performed within the bounds of the home by the female, and it is she who is responsible for the transition from the mundane to the sacredness that is defined as non-doing. The excluded woman, actually the two solitary women sitting to the side, perhaps a mother and a daughter waiting to the side for the men to come back from their symbolic warring – is perhaps the heart of the film and the melancholy here is a dual one: it envelops the Zionist project, the possible referent of the allegory, presented here in its sinking, its decline – but no less than this, it also envelops the artist shooting the video, who, in the very act of shooting it, becomes conscious of her own separateness and difference from this world of men, from this »togetherness« that the empty ritual sustains by its endless repetition (but also from the women seated to the side, waiting for the men to finish their pointless maneuvers).

INSTALLATIONSANSICHTEN
INSTALLATION VIEWS

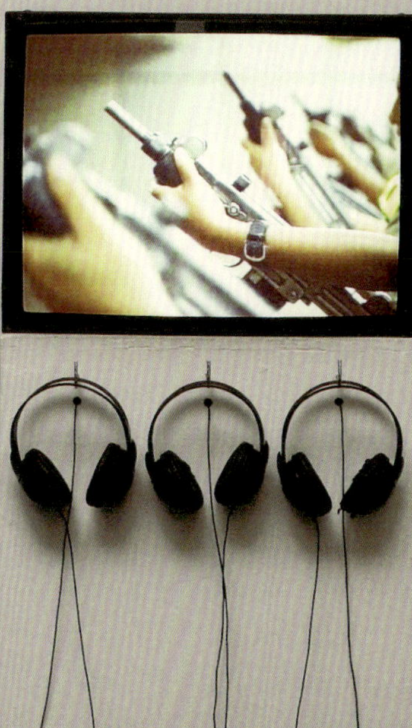

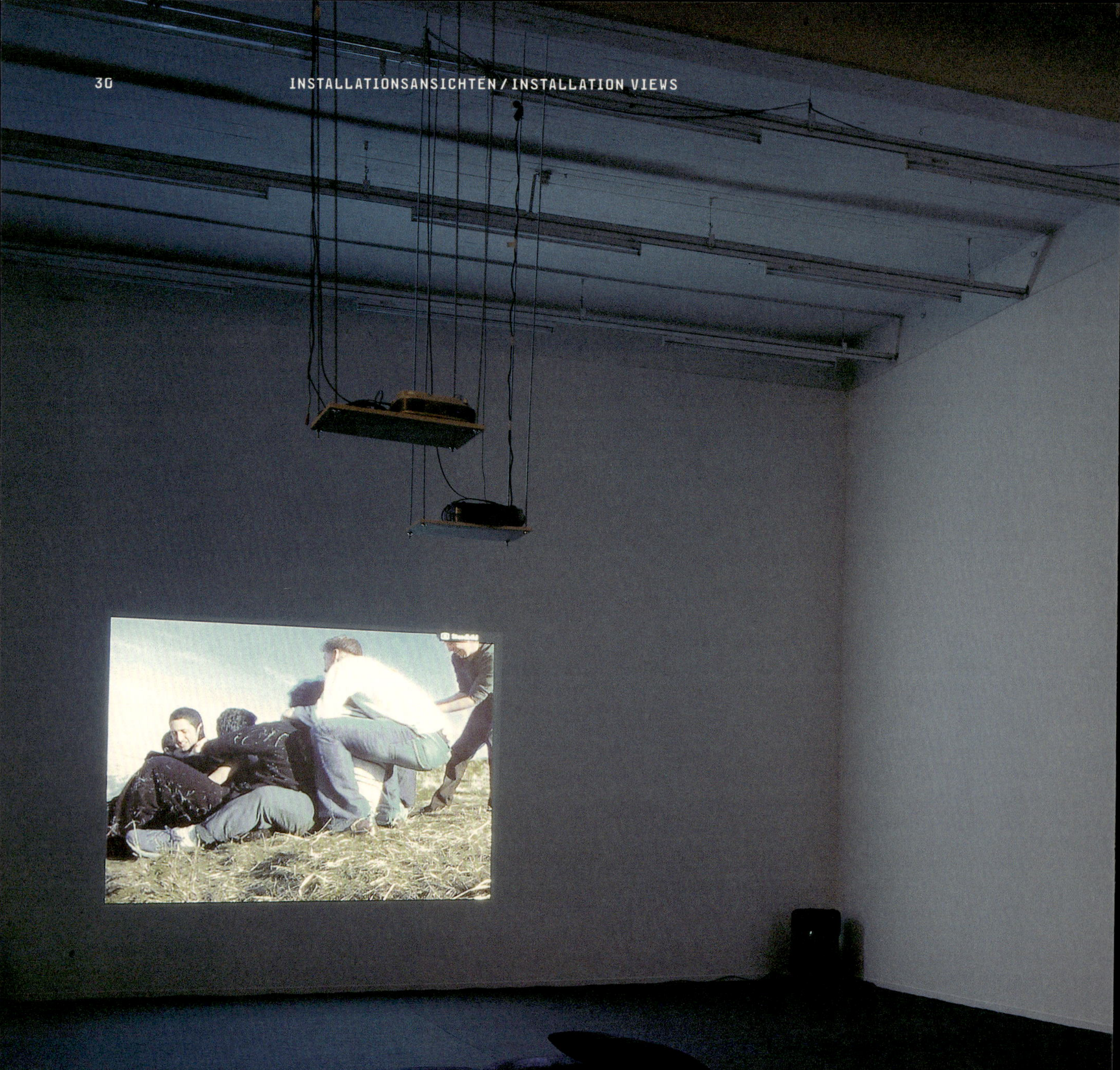

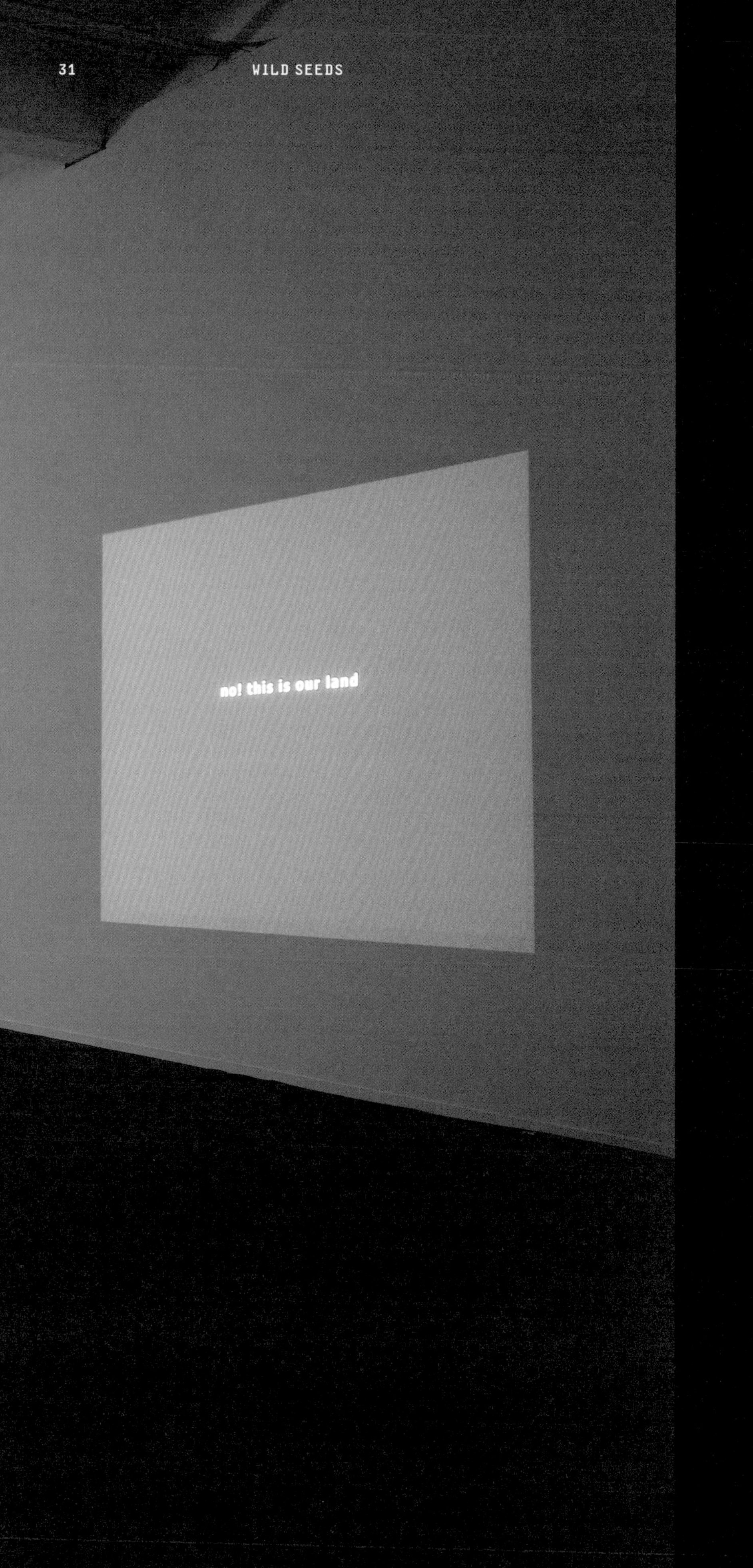
no! this is our land

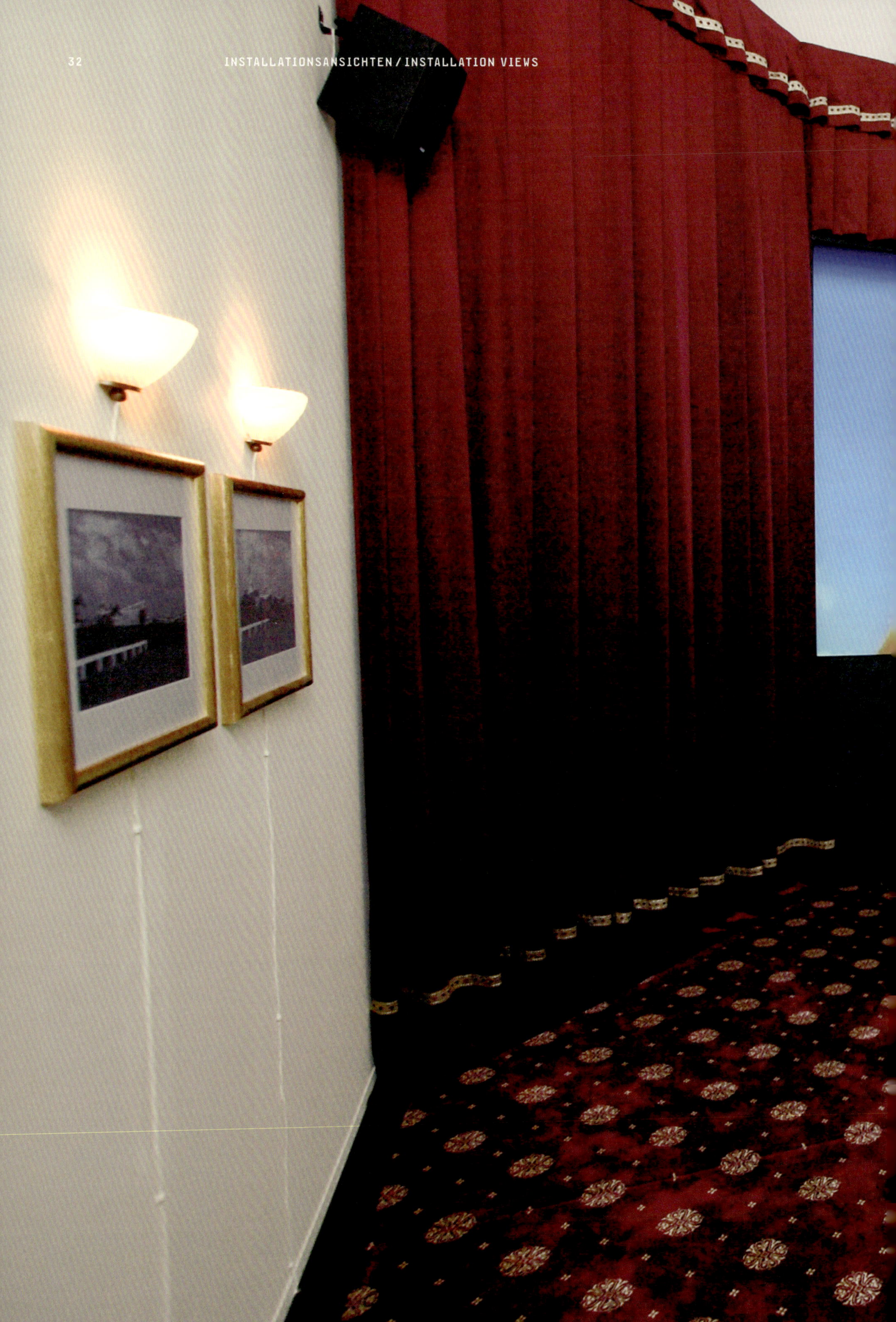

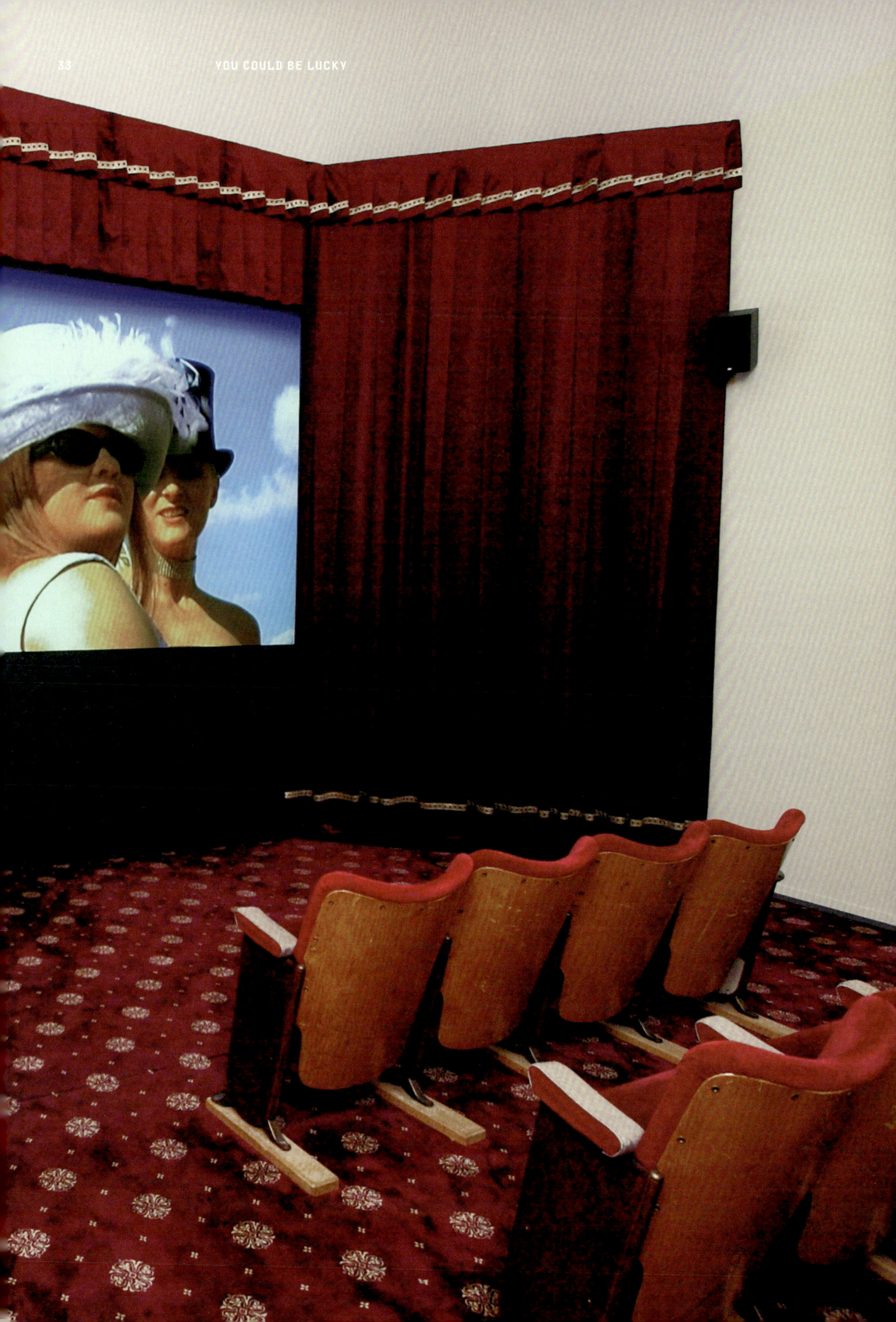

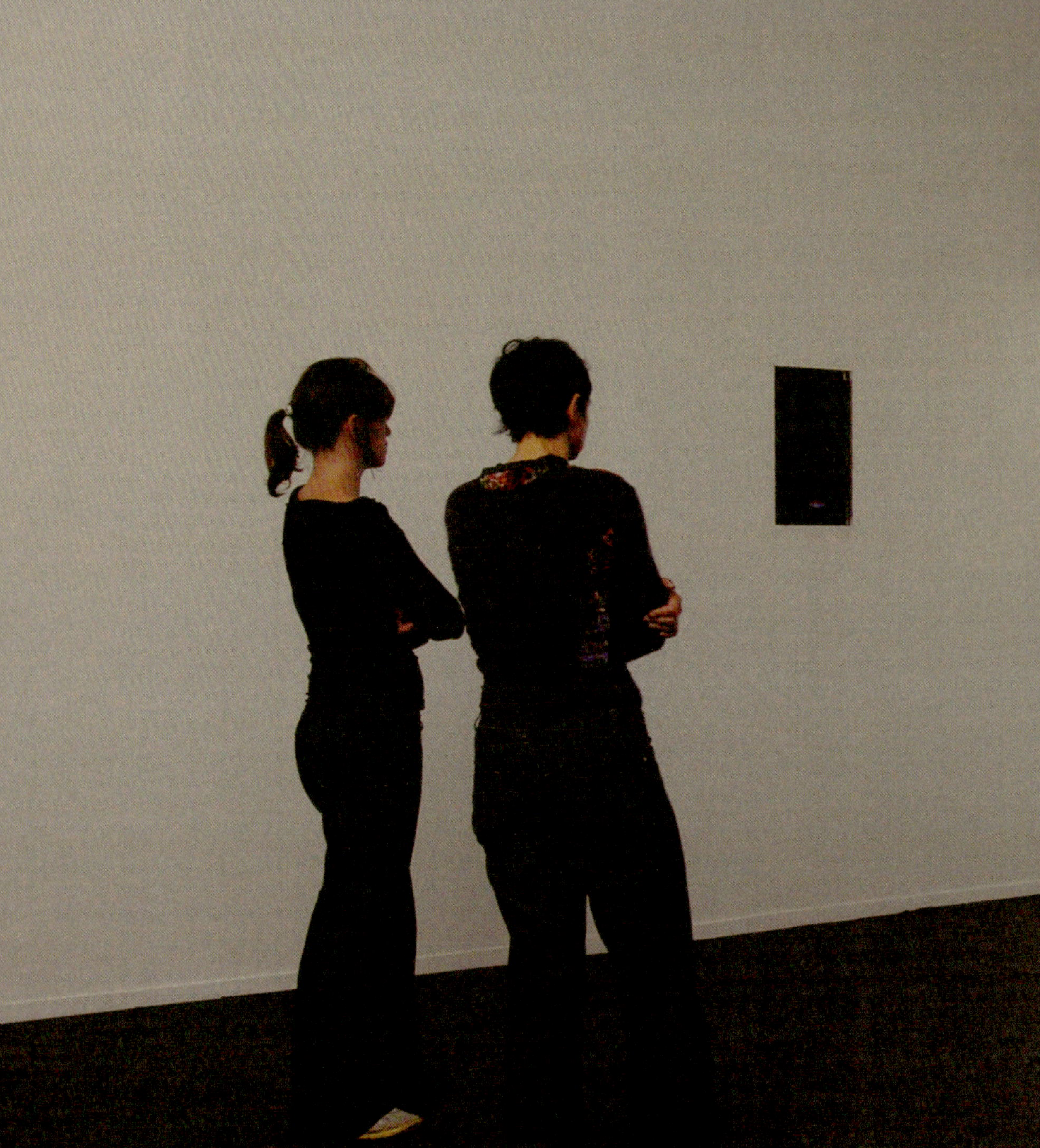

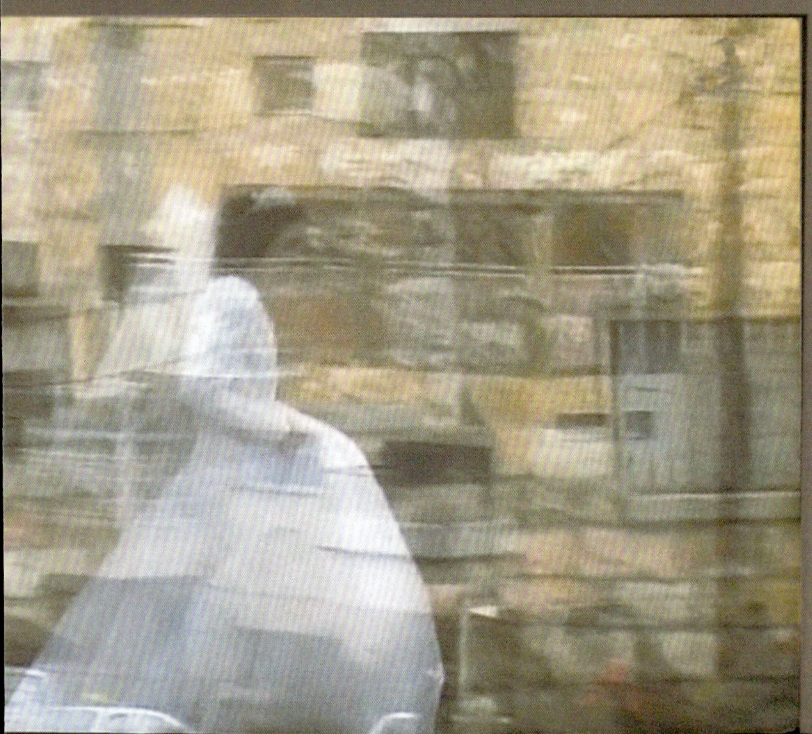

VIDEOGRAFIE
VIDEOGRAPHY

PROFILE

2000, mini DV & DVD, PAL

3 Min., Farbe, Ton, Installation mit Monitor und 3 Kopfhörern

Produktion
Israel
Niederlande

Profile basiert auf Aufnahmen von Schießübungen junger israelischer Soldatinnen beim Militär. Die erste Einstellung zeigt eine Nahaufnahme hintereinander gestaffelter Frauen, von denen man lediglich die Hände mit aufrecht gehaltenen Gewehren sieht.

Anschließend erscheint eine Zielscheibe – eine vor einem Sandhügel positionierte Soldatenfigur mit frontal ausgerichtetem Gewehr. Parallel ertönt aus dem Off eine Stimme, die Kommandos wie »Gewehr bereit« oder »Bereit zum Schuss« ausruft. Im nächsten Bild hebt sich im Vordergrund vor einer Reihe unscharf zu sehender Soldatinnen eine Einzelne im Profil ab. Eine Brille und einen schallschützenden Kopfhörer tragend, senkt sie konzentriert ihren Kopf und hält mit angewinkelten Armen ihr Gewehr im Anschlag. Im Befehlston ist nun eine Frage zu hören, die die Soldatinnen im Chor beantworten. Sie erklären ihrer Vorgesetzten ihre Bereitschaft zum Schuss, der im nächsten Augenblick neben der Pappfigur im Sand einschlägt. Scharf klickende Geräusche untermalen wiederholt den unscharf wiedergegebenen Ladevorgang der Gewehre. Zwischendrin erscheint immer wieder das zunächst verschwommen gefilmte Profil der Soldatin, welches, unterbrochen von einem weiteren Schuss und dem Spannvorgang einer anderen Frau, nach und nach schärfer fokussiert wird. Ihr Kopf ist gesenkt, ihr Blick aufmerksam nach vorne gerichtet. Dieser mit Spannung aufgeladenen Szene folgen mehrere Aufnahmen der Pappsoldatenfigur, neben der immer wieder Schüsse in den Sand schlagen, bevor sie derart herangezoomt wird, dass ihre Schusswaffe direkt auf den Betrachter gerichtet ist. Schließlich wechselt die Kameraperspektive und filmt in einer ruhigen Einstellung aus Kniehöhe die mit Armeehose und Militärstiefeln bekleideten Beine einiger Soldatinnen, die ihre Gewehre auf Decken neben sich zu Boden legen.

Präsentiert wird *Profile* auf einem Monitor mit Kopfhörern, von dem dieselben Stimmen und Geräusche zu hören sind, die auch die Soldatinnen im Video umgeben. Derart akustisch und visuell in das Geschehen involviert, wird es für die Betrachter unmöglich, eine distanzierte Haltung einzunehmen. Über eine sich spannungsreich steigernde Dramaturgie und eine Kameraperspektive, die unweigerlich das Gefühl der direkten Beteiligung suggeriert, werden die Zuschauer dazu herausgefordert, sich mit der Rolle der im Profil wiederholt erscheinenden Soldatin auseinanderzusetzen. Yael Bartana zeichnet somit nicht nur ihr »Profil«, sondern indirekt immer auch dasjenige der jeweiligen Betrachter – ob männlich oder weiblich, jung oder alt, inner- oder außerhalb Israels lebend.

M.B.

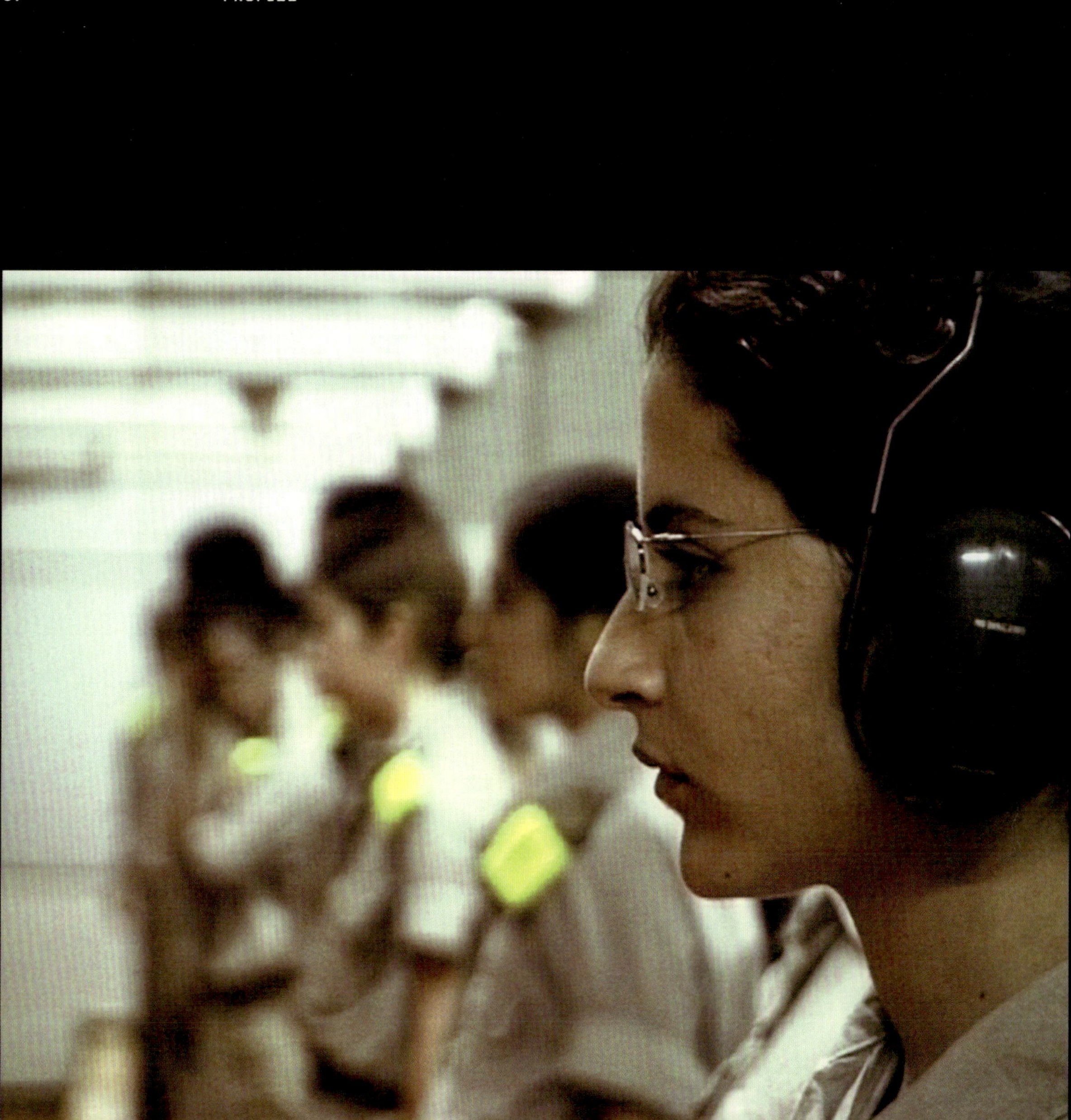

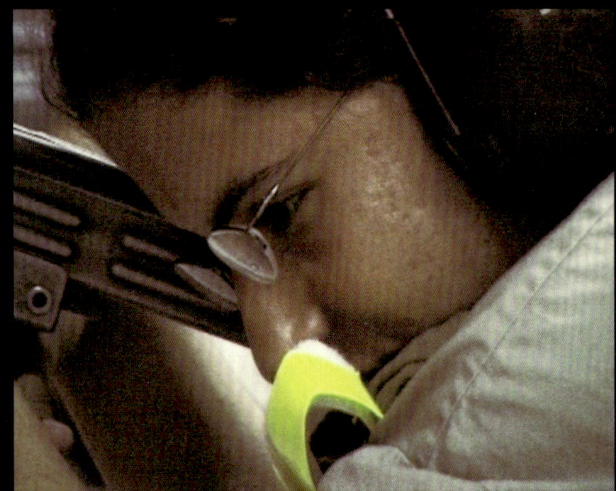

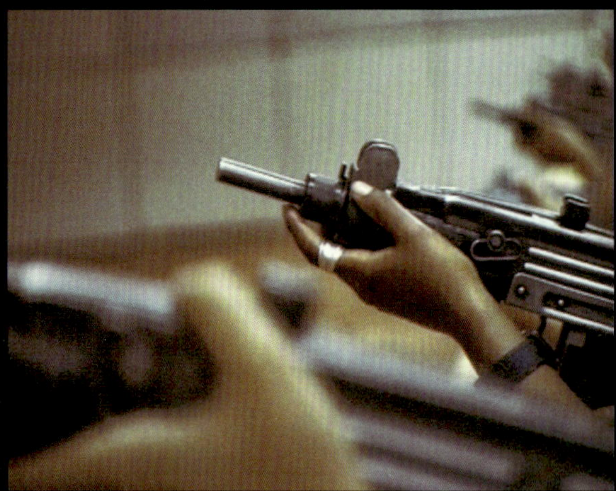

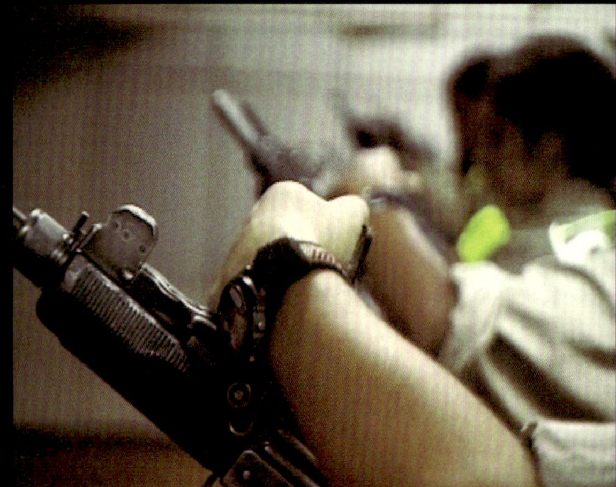

PROFILE

2000, mini DV & DVD, PAL

3 min., colour, sound, installation with monitor and 3 headphones

Production
Israel
The Netherlands

Footage of female Israeli soldiers engaging in target practice at the military forms the basis of *Profile*. A close-up of these women, lined-up one behind the other, defines the opening shot. But one merely sees their hands holding their rifles upright.

Then, the firing target appears – a cardboard soldier positioned in front of a sand hill, aiming his weapon directly in front of him. A voice can simultaneously be heard off-camera, calling commands such as »rifle ready« or »ready to shoot.« The next shot focuses on a female soldier. She is shown from the side, in front of a row of visible soldiers seen in soft focus. Wearing glasses and equipped with soundproofing ear muffs, her gaze is one of concentration as she lowers her head – her arm bent to hold her cocked firearm. A question in a commanding tone then can be heard and is followed by a chorus of female soldiers in response. They are declaring to their commanding officer that they are ready to shoot – a moment later, a shot hits the sand next to the figure of the soldier. From this point on sharp clicking sounds repeatedly accompany the loading of the rifles, which are shown out of focus. In between the camera repeatedly shifts to the profile of the soldier, which slowly comes into sharper focus, but is interrupted by another shot and the image of a woman re-cocking her weapon. Her expression is one of deep concentration, her gaze directed forward. Following this tension-filled scene several separate shots of the cardboard soldier figure appear. A number of gunshots hit the sand next to it, before the camera zooms in onto the target, so that the rifle is aimed directly at the viewer. Finally, the camera changes perspective and a steady, sharp image shot from knee level shows the legs of several soldiers wearing army trousers and military boots as they lay their weapons down onto blankets on the floor beside them.

Profile is presented on a monitor with a set of headphones, from which the same voices of the soldiers and sounds can be heard as the women in the video hear themselves. Involved in the events both acoustically and visually in this way, it becomes impossible for the viewer to take a distanced stance. Through the increasing tension of the dramaturgy and a camera angle that inevitably suggests a feeling of immediate involvement, the viewers are directly challenged to examine the role of the soldier who appears repeatedly in profile. In this manner, Yael Bartana portrays not only the soldier's »profile«, but also, indirectly, that of the respective viewer – whether that individual is male or female, young or old, or lives inside or outside of Israel.

M.B.

TUNING

2001, mini DV & DVD, PAL

2 Min., Farbe, Ton, Einkanalvideo- und Soundinstallation

Vorgeführt von
Noa Frenkel

Produktion
Niederlande

Aus einem monochrom weißen Bild blendet *Tuning* zu einer in dunklem Anzug und heller Bluse gekleideten Frau über, die vor einem neutralen Hintergrund ihren rechten Arm zum Militärgruß erhebt. Die Kamera ist feststehend und dokumentiert die Szene in einer einzigen, statischen Einstellung. Während die junge Frau beginnt, die US-amerikanische Nationalhymne zu summen, wandert ihr anfangs in die Ferne gerichteter Blick wiederholt zur salutierenden Hand. Sie scheint im militärischen Ritual gefangen zu sein, denn sie versucht mehrfach, ihren Arm aus dem Gestus zu lösen und ihn an ihren Körper zu legen. Der Arm hat sich jedoch ihrer Kontrolle entzogen und ergibt sich ihrem Bewusstsein nur für kurze Momente. Mit angestrengtem Lächeln ist sie bemüht, diese Machtlosigkeit zu überspielen. Gegen Ende stimmt aus dem Off ein Orchester ein, das ihr Summen begleitet. Zeitgleich widersetzt sich ihr Arm erneut und salutiert. Schließlich kapituliert die junge Frau und verfällt zurück in ihre Ausgangsposition: den Körper leicht nach links gedreht, den rechten Arm zum Militärgruß erhoben, den Blick in die Ferne gerichtet. Blende. Alles ist weiß.

E. B.

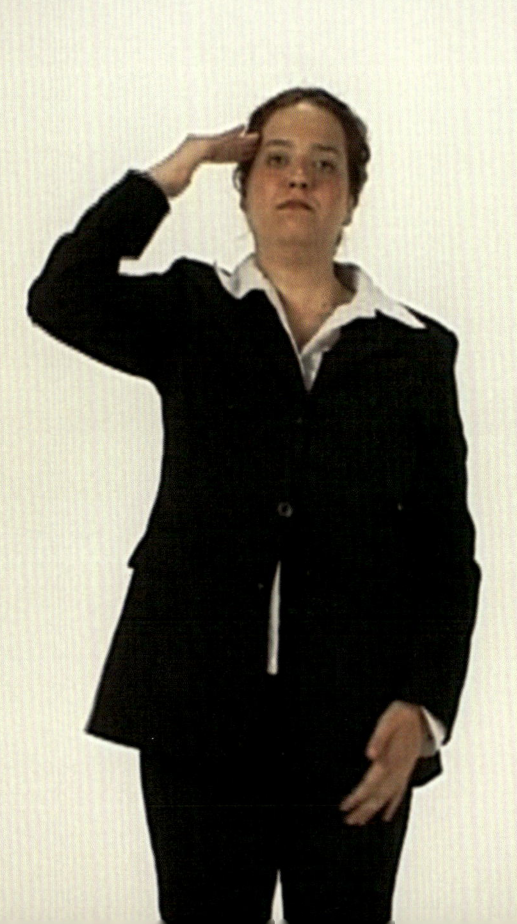

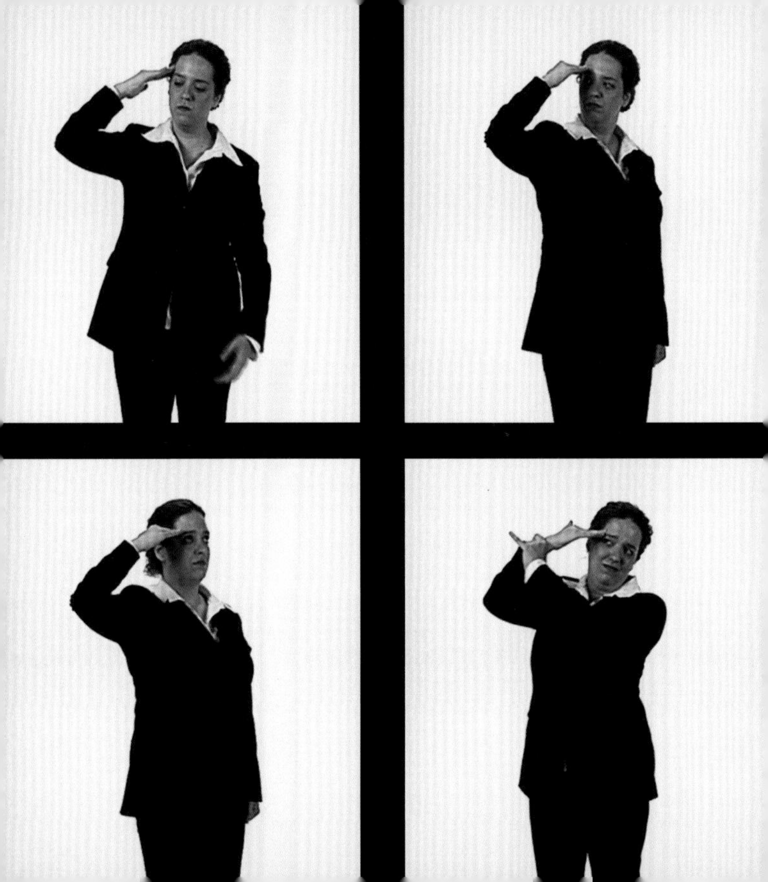

TUNING

2001, mini DV & DVD, PAL

2 min., colour, sound, one-channel video- and soundinstallation

Performed by
Noa Frenkel

Production
The Netherlands

At the beginning of the video work *Tuning*, a monochrome-white image fades into that of a woman dressed in a dark suit and white blouse – as if she were in uniform. She is shown in front of a neutral, white background and has her right arm raised in military salute. The camera is stationary and documents the scene in a single, static shot. While the young woman begins to hum the national anthem of the United States, her gaze – which had initially been fixed in the distance – wanders repeatedly to her saluting hand. She seems to be trapped inside this military ritual since she tries again and again to release her arm from this position and place it at her side. Nonetheless, her arm defies her control and surrenders to her consciousness only for brief moments. She attempts to cover up her powerlessness with a strained smile. Off-camera, an orchestra accompanies her humming with music. Simultaneously, her arm once again defies her and salutes. Finally, the woman gives up and falls back into her original position: her body turned slightly to the left, the right arm raised in military salute, her gaze fixed in the distance. Fade. Everything is white.

E. B.

TREMBLING TIME

2001, mini DV & DVD, PAL

6' 20", Farbe, Ton, Einkanalvideo- und Soundinstallation

Soundtrack
Tao G. Vrhovec Sambolec

Produktion
Israel
Niederlande

Trembling Time zeigt in einer Einstellung den Moment der Schweigeminute am Gedenktag für Gefallene der israelischen Kriege, zu der jährlich in ganz Israel Sirenen aufrufen. Die Kamera richtet sich von einer Brücke aus auf den fließenden Verkehr, sie filmt aus einer Richtung kommende Autos auf einer mehrspurigen Schnellstraße. Es ist dunkel, die Szenerie wird lediglich durch die Schweinwerfer der Fahrzeuge ausgeleuchtet. Während zu Beginn alle Autos mit unterschiedlicher Geschwindigkeit fahren, werden sie mit dem Ertönen der Sirenen zunehmend langsamer, bis der Verkehr gänzlich zum Erliegen kommt. Türen öffnen sich, die Insassen steigen aus und verharren für einen Moment neben ihren Fahrzeugen im kollektiven Gedenken. Unmittelbar nach dieser Unterbrechung steigen sie wieder ein und nehmen ihre Fahrt erneut auf. Neben dem suggestiven Einsatz von Ton bedient sich Bartana technischer Verfremdungseffekte wie Zeitlupe, Wiederholung und Überblendung, so dass die sich mal schneller, mal langsamer bewegenden Bilder in mehreren Schichten fließend ineinander übergehen. *Trembling Time* vermittelt das aufgeladene Ritual der staatlich verordneten Schweigeminute als eine visuelle sowie ästhetische Erfahrung und formuliert gleichzeitig eine distanziert-kritische Reflexion über die kollektiven Verhaltensmuster einer Nation. E. B.

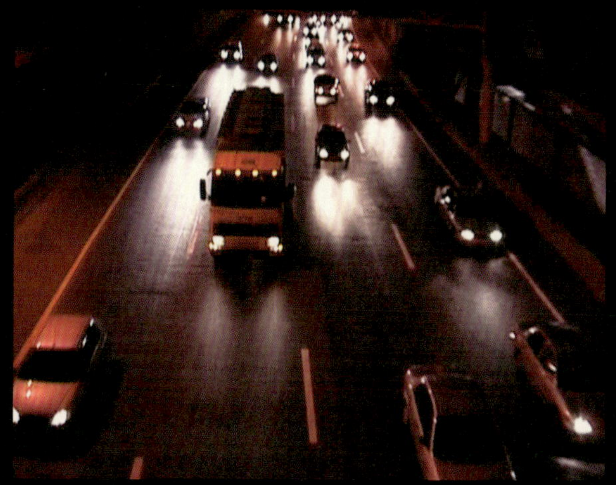

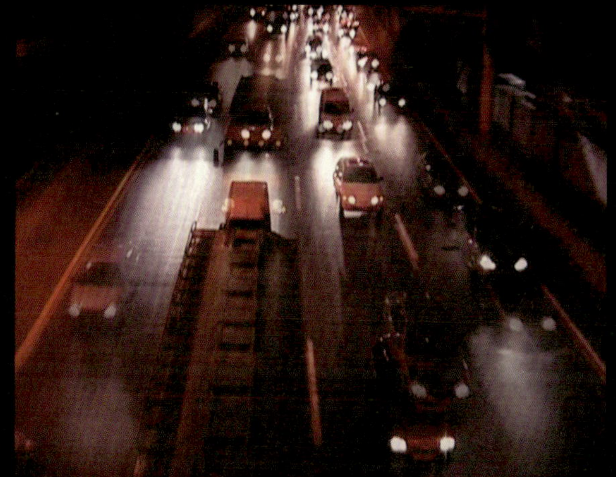

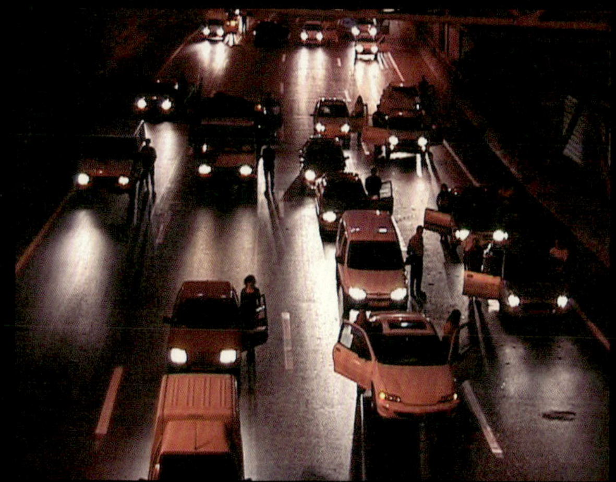

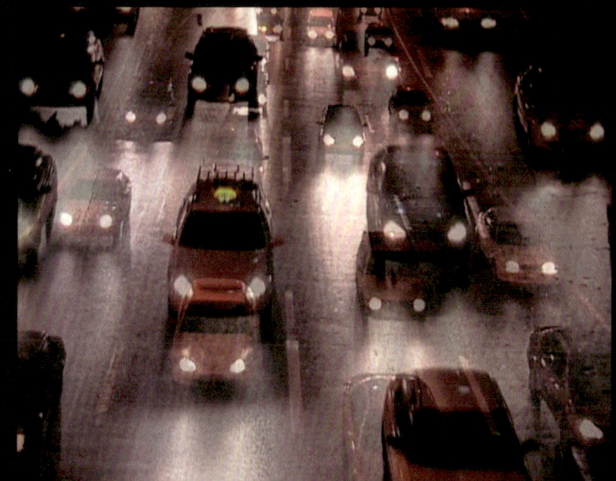

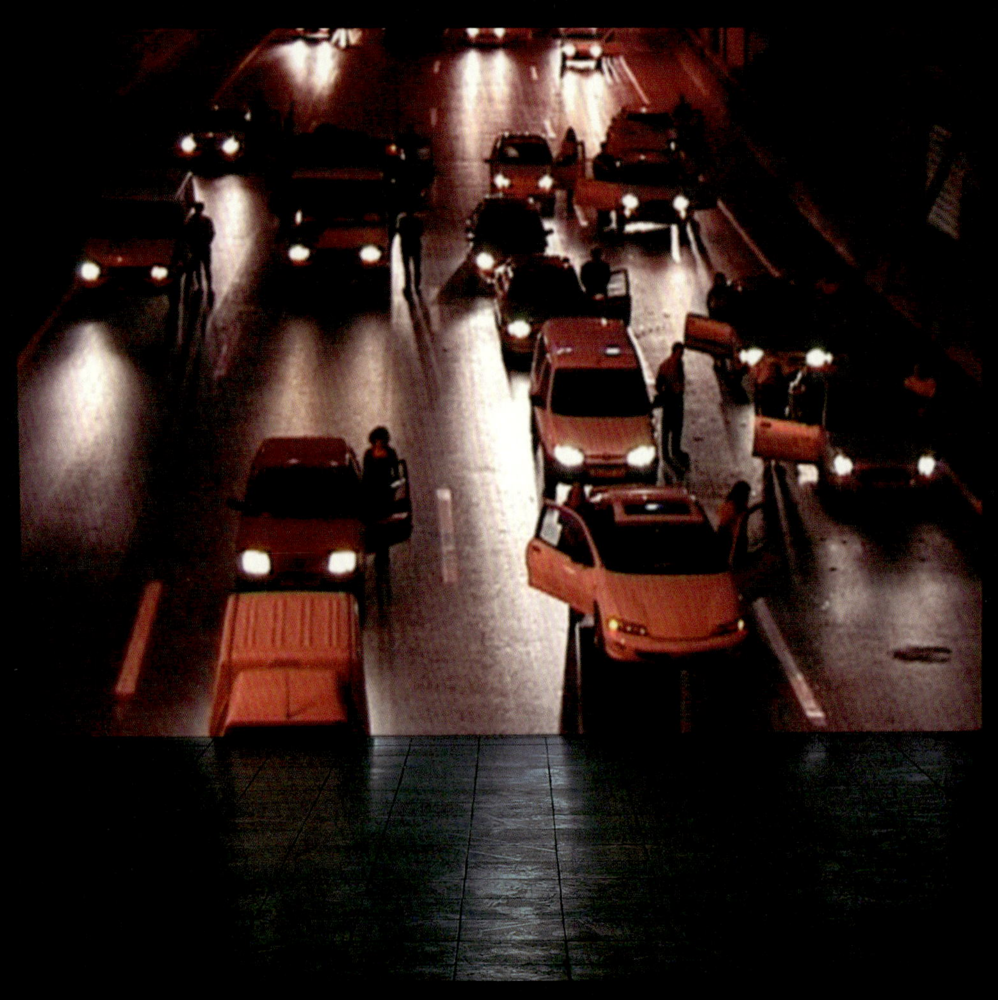

TREMBLING TIME

2001, mini DV & DVD, PAL

6' 20'', colour, sound, one-channel video- and soundinstallation

Soundtrack
Tao G. Vrhovec Sambolec

Production
Israel
The Netherlands

In a single shot, *Trembling Time* depicts the moment of silence on the day commemorating those who have fallen in Israel's wars. Each year, throughout the country, sirens remind Israelis to observe the »Soldiers Memorial Day.« The camera is directed from a bridge toward traffic flowing below. It shows cars coming from a single direction on the multilane highway. It is dark outside, and the scenery is lit up only by the cars' headlights. In the beginning, all the cars drive along at various speeds. With the sounds of the sirens, however, the vehicles gradually slow down and eventually come to a complete standstill. Doors open, the passengers get out and pause beside their cars for a moment of silence in collective remembrance. Following the interruption, they immediately get back into their cars and resume their driving. In addition to the suggestive use of sound, Bartana employs technical alienation effects such as slow motion, repetition and cross-fading, so that the images – some moving faster, some moving slower – flow into one another in various layers. *Trembling Time* communicates the emotionally charged ritual of the statedecreed minute of silence as both a visual and an aesthetic experience, while simultaneously formulating a distanced, critical reflection upon the collective behaviourpattern of a nation.

E. B.

KINGS OF THE HILL

2003, mini DV & DVD, PAL

7'30", Farbe, Ton, Einkanalvideoprojektion

Produktion
Israel
Niederlande

Unterstützt von
The Jerusalem Center for Visual Arts

Die Kamera ist auf einen weißen Geländewagen gerichtet, der über einen steilen Sandhügel manövriert wird. Es folgen weitere Nahaufnahmen von Jeepfahrern, die ähnlich senkrechte Böschungen zu befahren versuchen, jedoch wiederholt abrutschen und die Kontrolle über ihre Fahrzeuge verlieren. In alternierenden Einstellungen dokumentiert *Kings of the Hill* eine sportliche Freizeitbeschäftigung israelischer Männer, die sich Freitags Nachmittags, wenn der Sabbat beginnt, an der Küste Tel Avivs treffen, um eigentlich unbefahrbare Sanddünen mit ihren vierradangetriebenen Geländewagen zu bezwingen. Die Kamera folgt den fahrenden Autos in Totalen sowie in Detailaufnahmen, wobei das Geschehen immer wieder durch einzelne Schnitte unterbrochen wird: auf die mediterrane See in der Abendsonne mit den schwarzen Silhouetten der Zuschauer im Vordergrund, auf die Brandung, auf eine an der Klippe stehende Person. Die Aktivitäten der Männer stehen im Gegensatz zu diesen friedlichen, nahezu romantischen Landschaftsaufnahmen.

Die Dämmerung schreitet voran, die Scheinwerfer der Jeeps leuchten die Szenerie nun spotartig aus. Aufbrausende Motoren sowie ein Stimmengewirr von Männern und Kindern, die dem eigenartigen Eroberungsritual beobachtend beiwohnen, ertönen aus Hintergrund. Im nächsten Moment findet ein Machtkampf zwischen zwei Fahrzeugen statt, die im gelben Scheinwerferlicht aufeinander zufahren. Gegenseitig zwingen sich die Kontrahenten, rückwärts zu fahren, keiner will dem Anderen ausweichen. In der Dunkelheit sind die Insassen nicht mehr identifizierbar, die Geländewagen wirken automatisiert. Schließlich gibt einer der beiden nach und weicht rückwärts aus. Die Situation wiederholt sich in anderer Konstellation, bevor sich der Blick ein letztes Mal auf die übrig gebliebenen Jeeps entlang des Küstenstreifens richtet. Das Bild wird schwarz. Für einen kurzen Moment noch sind aus der Ferne die Motorengeräusche der Fahrzeuge zu hören. E. B.

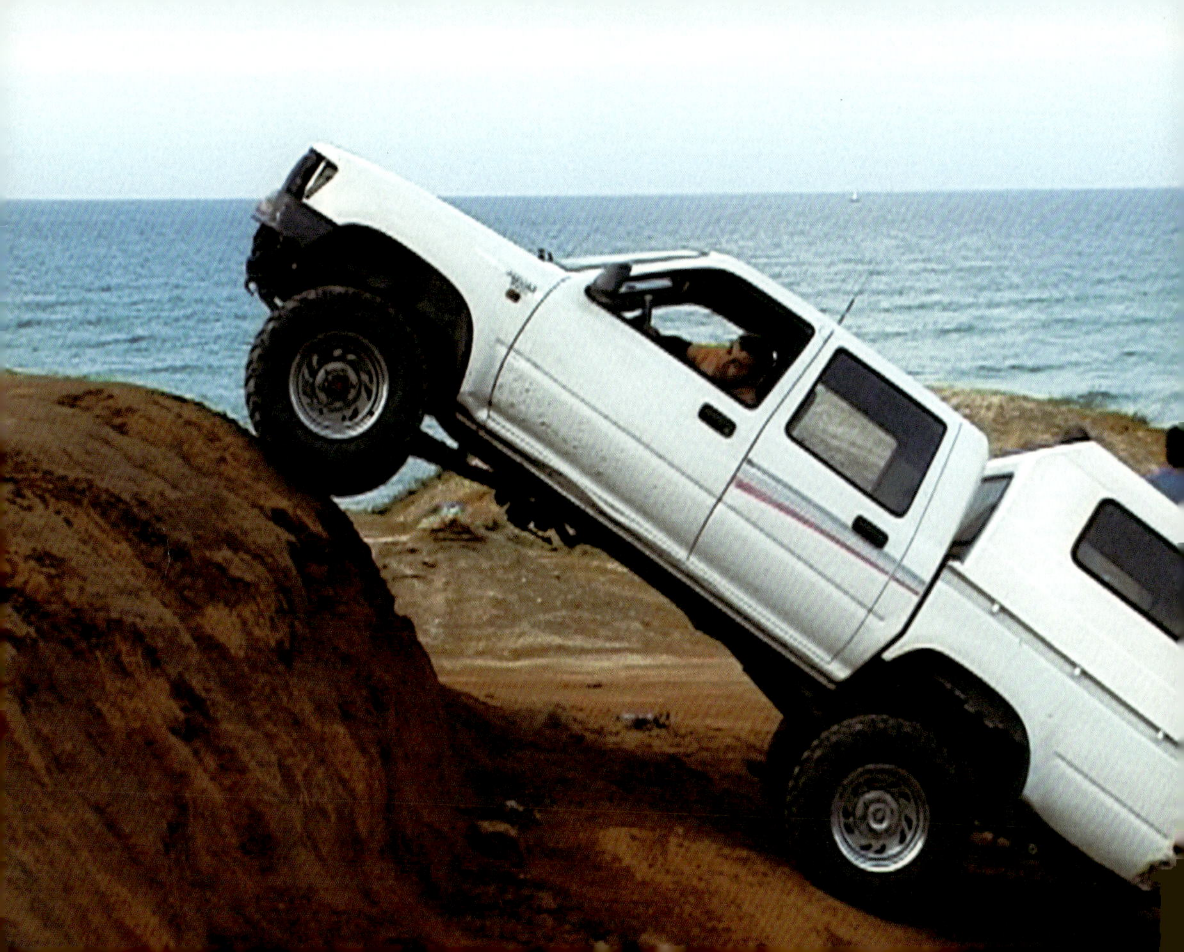

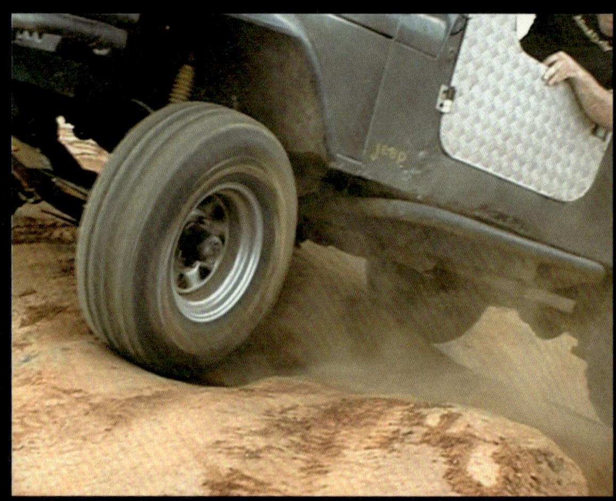

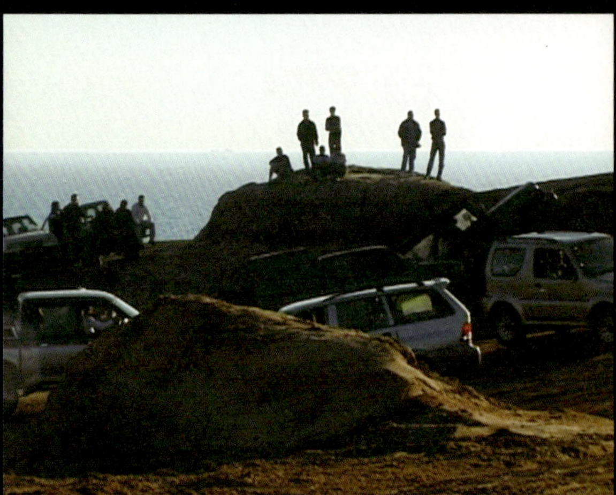

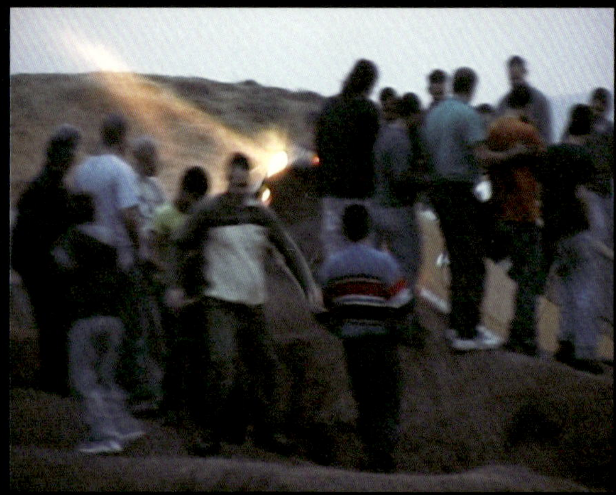

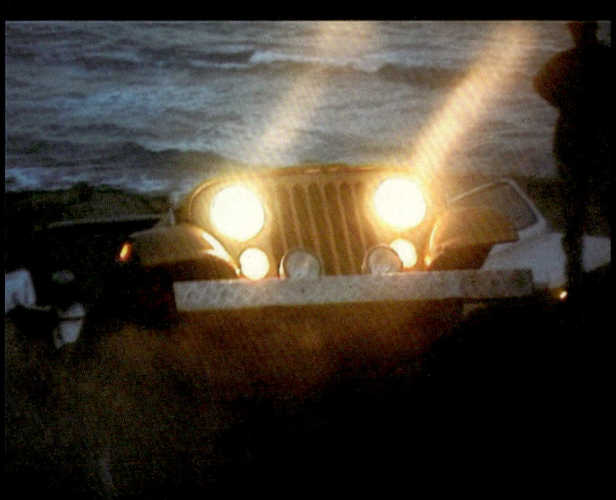

KINGS OF THE HILL

2003, mini DV & DVD, PAL

7' 30", colour, sound, one-channel video projection

Production
Israel
The Netherlands

Supported by
The Jerusalem Center for Visual Arts

At the beginning of the film *Kings of the Hill*, the camera focuses on a white sports utility vehicle that is being maneuvered over a steep sand hill. More close-ups follow showing jeep drivers trying to conquer similarly vertical dunes. However, they fail repeatedly and lose control of their powerful vehicles in the process. In alternating shots, *Kings of the Hill* documents a sporting leisure activity of Israeli men, who gather on the coast near Tel Aviv on Friday afternoons, when the Sabbath begins, to try to master sand dunes that are actually impassable with their four-wheel-drive SUVs. The camera follows the movements of the driving cars in wide shots as well as in extreme close-ups, but this action is interrupted again and again by cuts to shots showing the Mediterranean Sea at sunset with the black silhouettes of the spectators in the foreground, or showing the surf or a person standing on a cliff. The activity of the men contrasts with these nearly romantic images of the landscape.

Twilight descends, and the headlights of the jeeps are turned on. In the background we hear the sound of the revving engines and a jumble of voices of the men and children who come out to watch this unique ritual of conquest. Darkness falls, the voices become progressively louder and more animated. The cars' headlights now illuminate the scene like spotlights. A moment later, a power struggle ensues between two of the vehicles. They are driving toward one another in the yellow light of the headlights; neither gives way to the other. Each of them forces his adversary to back up. In the darkness, the people inside the cars are no longer recognizable; the SUVs seem to be automated. Finally, one of them relents and backs up. The situation is repeated in another constellation, before the camera turns one last time to the remaining jeeps along the coast. The picture goes black. For a brief moment, the sounds of the vehicles' engines can still be heard in the distance. E. B.

WHEN ADAR ENTERS

2003, mini DV & DVD, PAL

7 Min. Farbe, Ton, Einkanalvideo- und Soundinstallation

Soundtrack
Daniel Meir

Produktion
Israel
Niederlande

Der Film beginnt mit einem Prolog in Form zweier kurzer Einstellungen und zeigt Jungen und Mädchen kostümiert für das im Monat Adar stattfindende Purimfest in den Straßen von Bnei Brak, einer religiösen, ultraorthodoxen Vorstadt Tel Avivs. In der dritten, unmittelbar auf den Prolog folgenden, und sich am Ende des Films wiederholenden Szene sieht man schwarzgewandete Männer und Frauen an einem Zebrastreifen eine Straße überqueren. Der Übergang von der einen Straßenseite zur anderen steht für die im Purimfest symbolisierte Rückkehr. Der niedrige Blickwinkel dieser Aufnahme, bei der die Straße den Horizont markiert, erlaubt einen subversiven, ja zudringlichen Blick, der den Zuschauer über den gesamten Film hinweg begleitet. Zu sehen sind Kinder und Erwachsene in karnevalistischer Tracht, als Tiere, literarische oder historische Figuren, Soldaten und Polizisten verkleidet. Mädchen und junge Frauen in Brautkleidern haben sich als Königin Esther am Vorabend ihrer Hochzeit herausgeputzt, um den Sieg ihres Volkes zu feiern.

Alljährlich im Frühjahr gedenkt man mit dem Purimfest der Errettung des unter dem Perserkönig Ahasveros lebenden jüdischen Volkes vor seiner durch den Regierungsbeamten Haman geplanten Vernichtung. Es gilt allgemein als segensreich, Purim mit Alkohol, Belustigungen, dem Austauschen von Leckereien unter Freunden und dem Verteilen von Geschenken an die Armen zu begehen. Die im Buch Esther aufgezeichnete Geschichte stellt eine Verbindung zwischen dem Purimfest und der Befreiung der Juden von ihren Feinden her. Auch wenn Zweifel an der historischen Genauigkeit der dort festgehaltenen Geschichte angebracht sind, und es zumindest wahrscheinlich ist, dass der Feiertag der eigentlichen Geschichte voranging (und aus anderen Kulturen übernommen wurde), so stehen doch sowohl die Geschichte als auch der Feiertag symbolisch für die Befreiung der in der Diaspora lebenden Juden von Rassismus und Fremdenhass.

Im Verlauf des Videos nehmen die Betrachter verstohlene Blicke in Richtung Kamera sowie verhüllte Gesichter wahr, die den Eindruck einer Bedrohung, des nahenden Unheils erzeugen. Das ungewöhnliche Vorhandensein einer Kamera in einer religiösen Umgebung, das Gefühl des Fremden und das Unbehagen, den ihre bloße Gegenwart trotz der Kostüme und der Karnevalsatmosphäre erregt, offenbaren die Angst der Dargestellten davor, dass jenes ultraorthodoxe Bild von außen missbraucht werden könnte, indem man ihre Welt mit einer Kamera betritt, nicht um die Codes dieser Welt zu vermitteln, sondern lediglich ihre Masken gegenüber einer Kultur, die so sensibel auf die Kraft des Bildes reagiert. G. E.

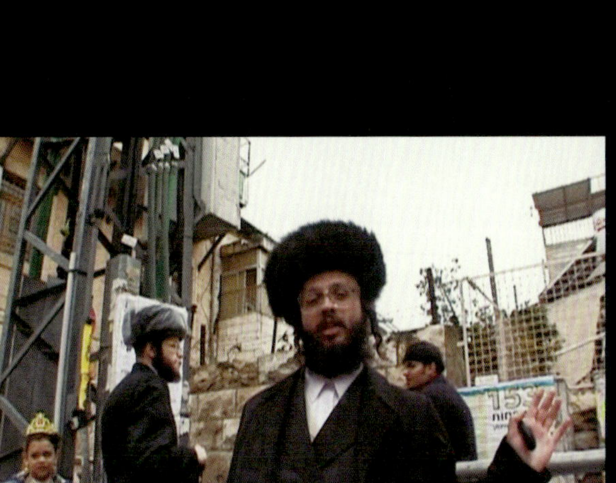

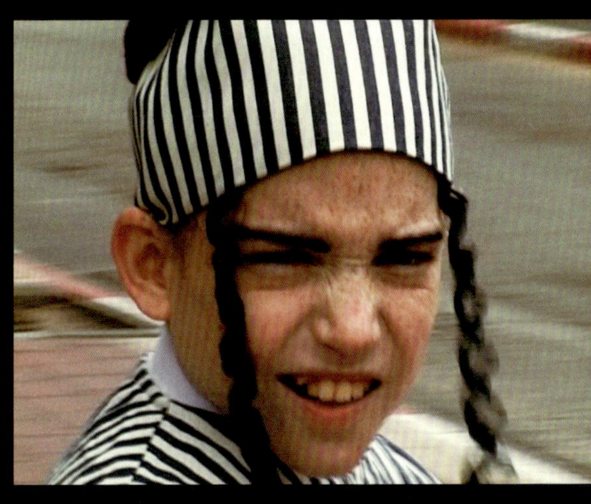

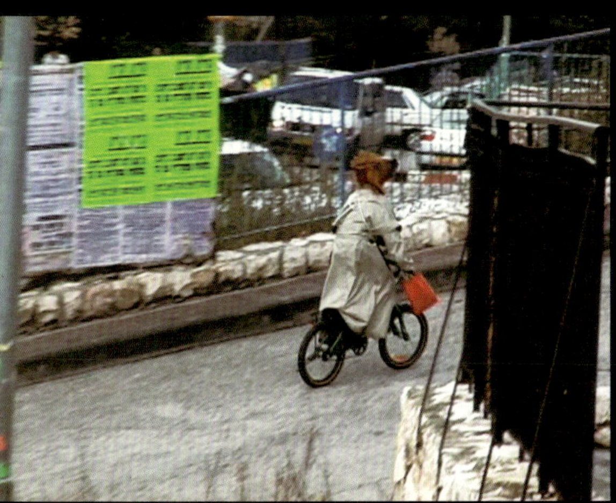

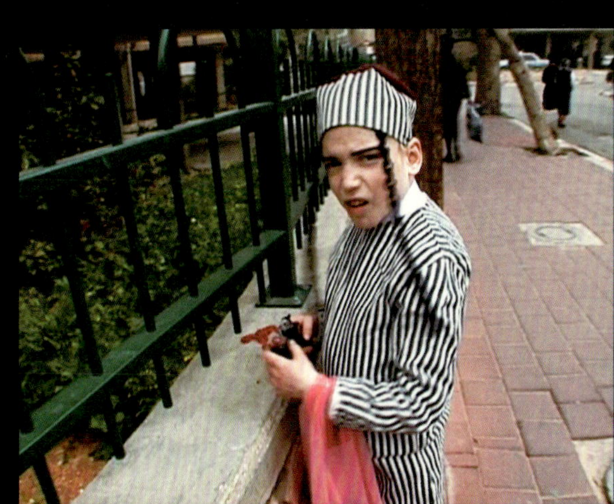

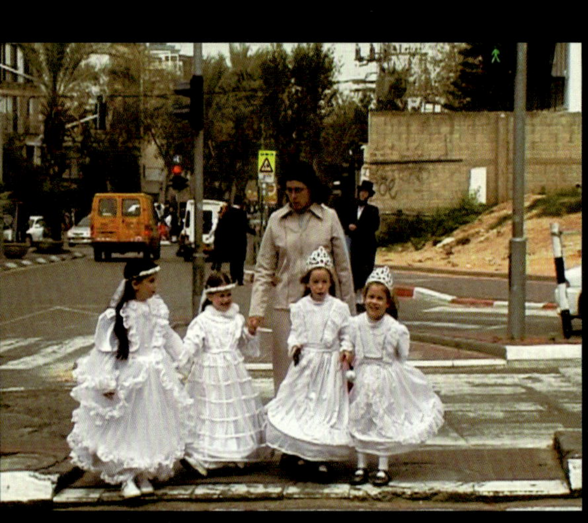

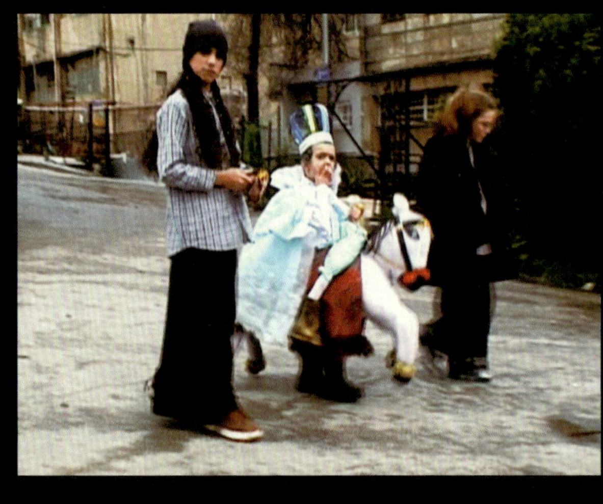

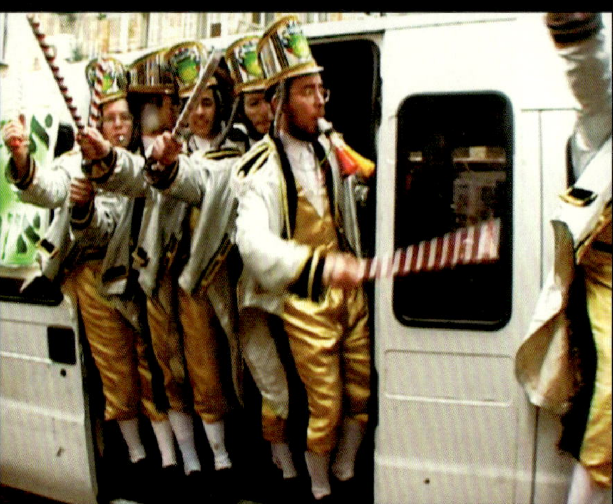

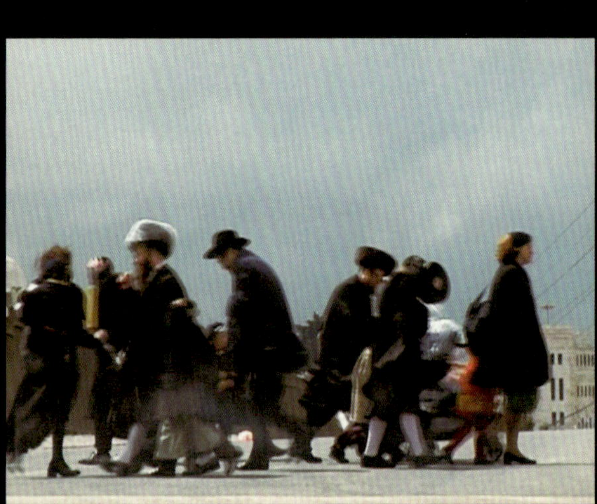

WHEN ADAR ENTERS

2003, mini DV & DVD, PAL

7 min., colour, sound, one-channel video- and soundinstallation

Soundtrack
Daniel Meir

Production
Israel
The Netherlands

The film opens with a prologue consisting of two short shots of boys and girls in the streets of Bnei Brak (a religious suburb of Tel Aviv) dressed in costumes for the Purim holiday celebrations that occur during the month of Adar. The third shot, which immediately follows the prologue and reappears at the end of the work, shows black-garbed men and women crossing the street at a zebra crossing. The passage from one side of the street to the other represents the reversal symbolized by the Purim holiday. The low angle of photography in this shot, with the road marking the horizon, allows us a subversive, intrusive glance that accompanies the viewer throughout the work. Young and adult are shown in carnival attire – dressed as animals, characters from literature or history, soldiers, and policemen. Girls and young women preening in bridal gowns – Queen Esther on the eve of her wedding, celebrating the victory of her people.

Each spring the Purim holiday celebrates the rescue of the Jews in the kingdom of Ahashveros in Persia from Haman's plot to exterminate them. It is considered a blessing to devote the Purim holiday to a feast with drinking, merriment, the exchange of delicacies among friends and giving gifts to the poor. The story of Megilat Esther links the Purim celebration to the rescue of the Jews from their enemies. While there is room to doubt the historical accuracy of the story presented there, and in any case, it is likely that the holiday preceded the story (and was borrowed from other cultures), the story and the holiday both symbolize the rescue of diaspora Jews from racism towards them and xenophobia.

Throughout the video we are witness to stolen glances directed back toward the camera and hidden faces that create a sense of threat and approaching catastrophe. The exceptional presence of a camera in the religious quarter and the sense of strangeness and the suspicion evoked by its very presence, despite the costumes and the carnival feeling, reveal the fear that outsiders are taking advantage of the ultra-orthodox image by entering their world with a camera capable of conveying not the codes of that world but only its masks to a culture that is sensitive to the power of the image. G.E.

AD DE'LO YODA

2003, mini DV & DVD, PAL

2 Min., Farbe, Einkanalvideoprojektion

Produktion
Israel
Niederlande

Durch einen fensterartigen Rahmen der installativ präsentierten Videoarbeit *Ad De'lo Yoda* eröffnet sich der Blick auf einen schmalen, in die Wand eingelassenen, schwarzen Schacht, der in einer Rückprojektion endet. Einem Korridor gleich, führt dieser zu einer halb geöffneten Tür in der Projektion. Der Film setzt sich in der Installation räumlich fort, die Grenzen beider Ebenen verschmelzen.

Im Fensterrahmen steht ein Junge. Dem Betrachter den Rücken zugewandt, blickt er in einen Raum, in dem jüdisch-orthodoxe Jungen und Männer an den Händen gefasst im Kreis tanzen. Die Stimmung wirkt ausgelassen, Tische wurden vor Bücherregale gerückt, um die Tanzfläche zu vergrößern. Während die jüngeren Tänzer in gold- und silberfarbenen Westen über weißen Hemden als Perser verkleidet sind – die meisten Köpfe bedecken orientalische Kappen in Gold oder Rot – tragen die älteren schwarze Anzüge und Hüte. Neugierig verfolgt die ebenfalls persisch gekleidete Rückenfigur im Vordergrund die Szenerie aus dem Abseits. Bis auf ein kurzes Gespräch mit einem der Feiernden, verweilt sie unbeteiligt am Rande des Geschehens. Die Musik, zu der getanzt wird, die Stimmen und Ausrufe der Feiernden sind nicht zu hören. *Ad De'lo Yoda* ist eine der wenigen Videoinstallationen Yael Bartanas, die auf eine Tonebene gänzlich verzichtet.

In einer einzigen Einstellung dokumentiert die Kamera die Feierlichkeiten anlässlich des Purimfestes – ein Fest, das an die Errettung des jüdischen Volkes aus der drohenden Gefahr in der persischen Diaspora erinnert – in einer Yeshiva Schule der orthodoxen Vorstadt Bnei Brak. Der Blick in das Klassenzimmer ist fragmentarisch, denn Fenster und Rahmen versperren die Sicht und dominieren die Hälfte des Bildausschnitts. Eine Tür, durch die wiederholt Personen ein- und austreten, begrenzt den Bildhintergrund.

Aus der Position des Voyeurs verfolgen die Ausstellungsbesucher das Fest durch den Fensterspalt, geschützt durch die Dunkelheit des Korridors. Die Verlangsamung des dokumentarischen Ausgangsmaterials sowie die durch die Installation angelegte Betrachtersituation evozieren ein befremdliches Gefühl der Distanz. *Ad De'lo Yoda,* der Titel der Arbeit, bezieht sich auf die Aufforderung, während Purim zu feiern und zu trinken »bis man den Unterschied zwischen ›Verflucht sei Haman‹ und ›Gesegnet sei Mordechai‹ (Ad De'lo Yoda) nicht mehr wahrnimmt«. Es ist das einzige Fest, an dem es auch orthodoxen Juden erlaubt ist, Alkohol zu trinken. Der kleine Junge im Vordergrund, außenstehend und beteiligt zugleich, scheint noch wartend zu überlegen, ob auch er an den Feierlichkeiten teilnehmen soll. E. B.

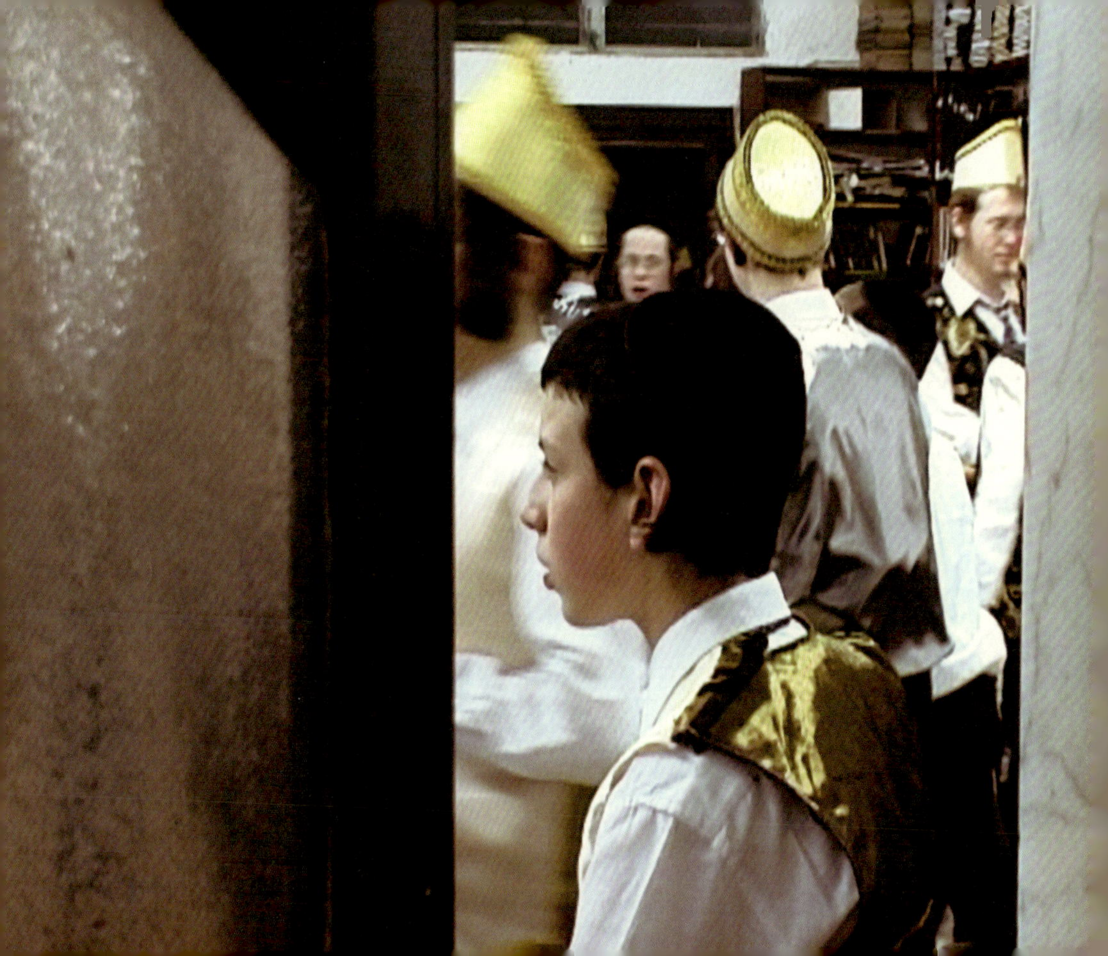

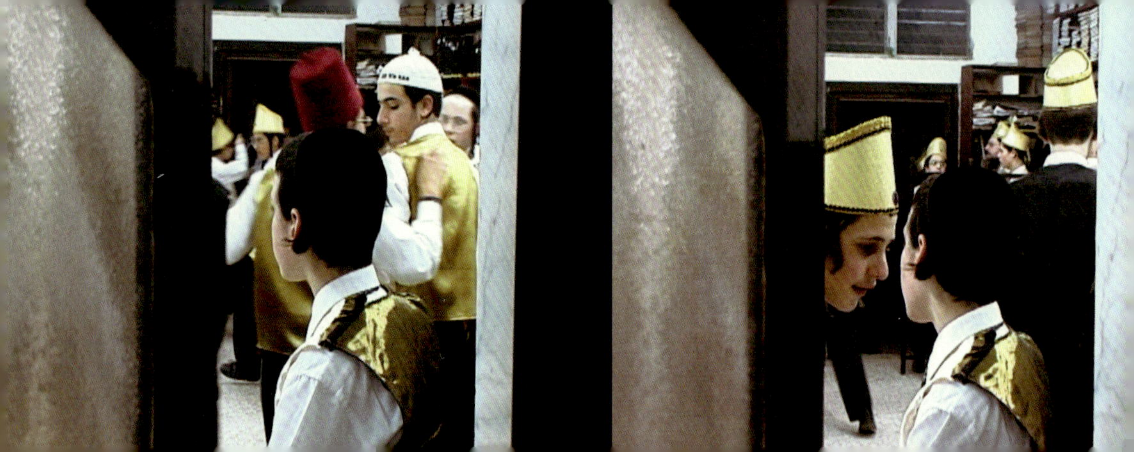

AD DE'LO YODA

2003, mini DV & DVD, PAL

2 min., colour, one-channel videoprojection

Production
Israel
The Netherlands

Peering through the window-like frame of the video installation *Ad De'lo Yoda*, the viewer's gaze opens up onto a narrow black shaft embedded in the wall, which then ends in a rear-projection. Like a corridor, it leads to a halfway-open door in the projection. The film continues on spatially in the installation; the borders between the two levels merge together.

A boy is standing in the window frame. With his back turned to the viewer, he gazes into a room in which orthodox Jewish boys and men are dancing in a circle while holding hands. The atmosphere seems jolly; tables have been pushed in front of bookshelves to make room for the dance floor. While the younger dancers are dressed as Persians, with gold and silver-coloured vests over white shirts and most of them with red or gold-coloured Oriental caps on their heads, the older dancers are wearing black suits and hats. The boy in the foreground, who is also dressed in Persian fashion, observes the scene with curiosity from the sidelines. Apart from a brief conversation with one of the revelers, he lingers on the fringes, uninvolved in what is going on. The music the dancers are moving to, as well as their voices and exclamations, cannot be heard. *Ad De'lo Yoda* is one of the few video installations by Yael Bartana that forgoes audio elements completely.

In a single shot, the camera documents the celebrations on the occasion of the Purim festival – an event commemorating the rescue of the Jewish people from the impending danger in the Persian diaspora. The celebration takes place in a Yeshiva school in the orthodox suburb of Bnei Brak. The view into the classroom is fragmentary, since the window and the window frame block one's view and dominate half of the visual composition. A second door through which people are continually entering and exiting further limits a view of the background.

Like a voyeur, the exhibition visitor watches the celebration through the slightly open window, the darkness of the corridor protecting him. The slowing down of the original documentary material, as well as the observer's position as defined by the installation, evoke a strange feeling of distance. The title of the work, *Ad De'lo Yoda*, refers to the Purim requirement to celebrate and drink »until one does not know (ad de'lo yoda) the difference between ›cursed is Haman‹ and ›blessed is Mordechai‹.« Purim is the only festival during which orthodox Jews are also permitted to drink alcohol. The young boy in the foreground, simultaneously an outsider and a participant, seems to be waiting and considering whether he likewise should join in on the celebrations.

E. B.

FREEDOM BORDER

2003, mini DV & DVD, PAL

3 Min., Farbe, Einkanalvideo auf LCD Monitor

Produktion
Israel
Niederlande

Schauplatz des Videos *Freedom Border* ist eine hügelige Wüstenlandschaft, in deren Hintergrund die Silhouetten zweier Siedlungen zu erkennen sind. Auf einer durch die Landschaft führenden Straße steht ein großer, weißer Anhänger, vor dem sich zwei technische Geräte befinden. Zwei Männer sind gerade dabei, einen weißen Ballon aus ihm herauszuziehen: während der eine ins Innere klettert, steht der andere vor den geöffneten Hintertüren, aus denen der Ballon bereits teilweise herausragt. Er beginnt mit allen Kräften an ihm zu ziehen, bis es ihm schließlich mit Hilfe seines Kollegen gelingt und der Ballon langsam ein wenig in die Höhe steigt. Die gesamte Aktion wird von einem Fotografen aufgenommen, der am Rand der Straße gegenüber hockt.

Nach einer Überblendung ist der Ballon nun als Zeppelin zu erkennen, denn er schwebt an Schnüren einige Meter über einem der Geräte, welches ihn nach und nach prall mit Helium füllt. Infolgedessen löst er sich und steigt langsam weiter in die Luft, wobei ihn eine weiße Leine weiterhin mit der Erde verbindet. Erst als er eine gewisse Distanz erreicht hat, wird deutlich, dass an seinem Rumpf ein zweites technisches Gerät befestigt ist – eine Kamera zur weiträumigen Überwachung aus der Luft. Langsam steigt sie mit dem Zeppelin in den nur mit wenigen Wolken verhangenen blauen Himmel auf. Eine letzte Einstellung zeigt den Überwachungszeppelin aus der Untersicht, er dreht sich und steht schließlich senkrecht vor dem mittlerweile dicht bewölktem dunklem Himmel so, dass seine Spitze zur Erde zeigt. Ein Bild, das ein Gefühl der Bedrohung vermittelt, denn mit der Form des Zeppelins kann nun ebenso diejenige einer Bombe assoziiert werden. M. B.

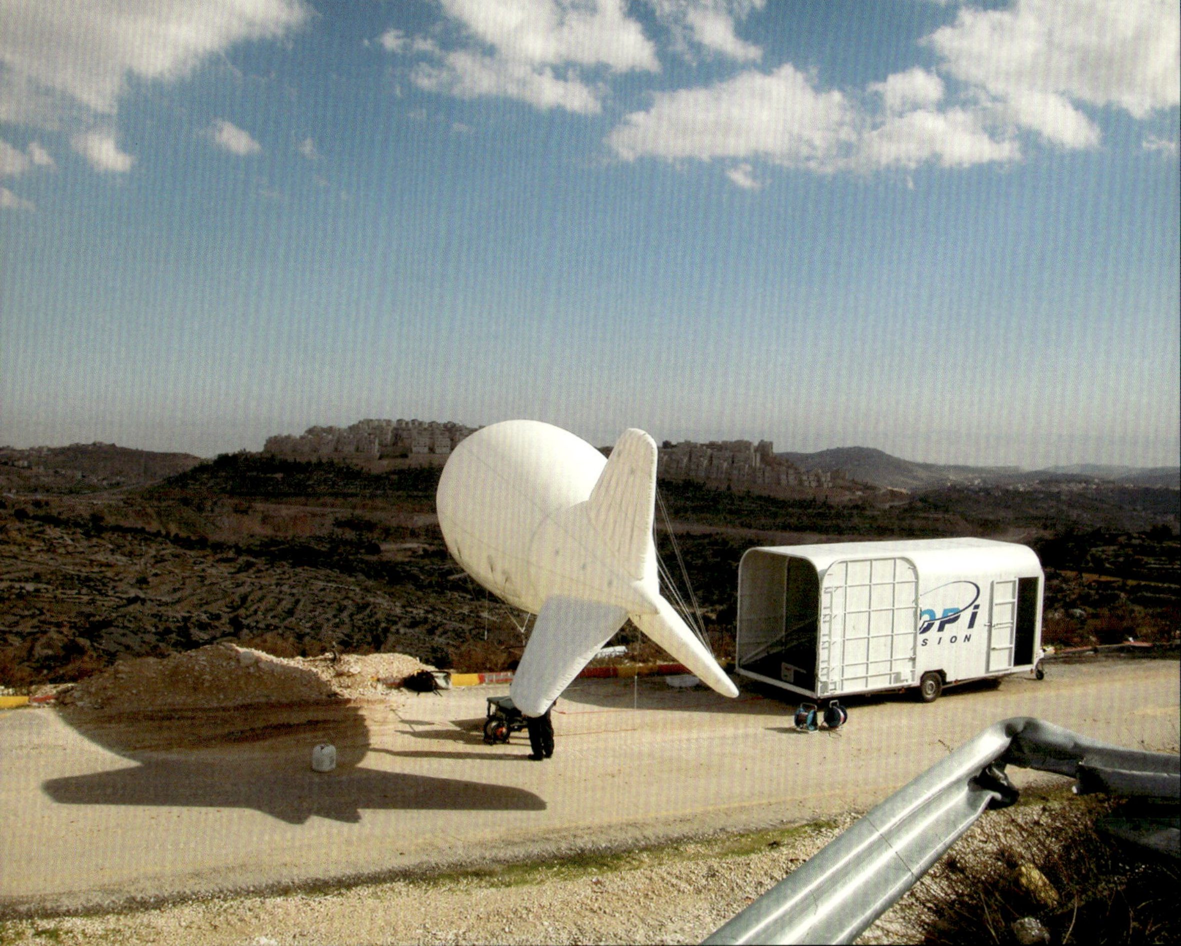

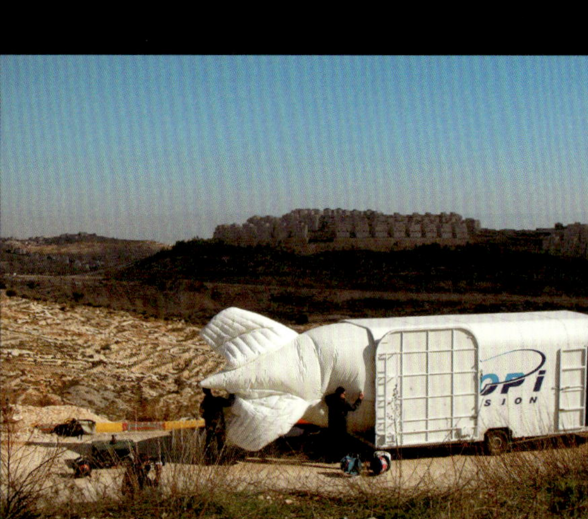

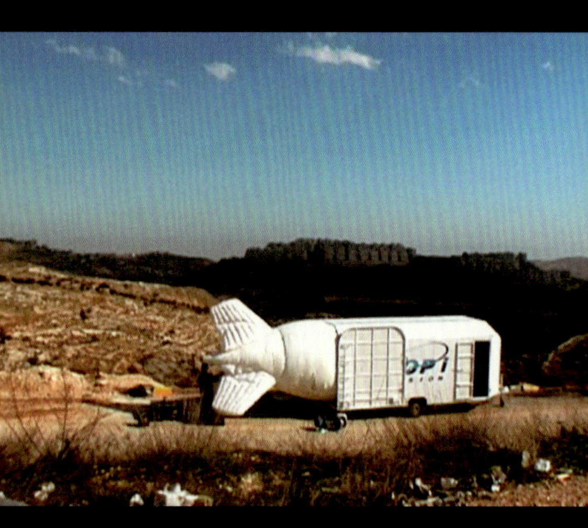

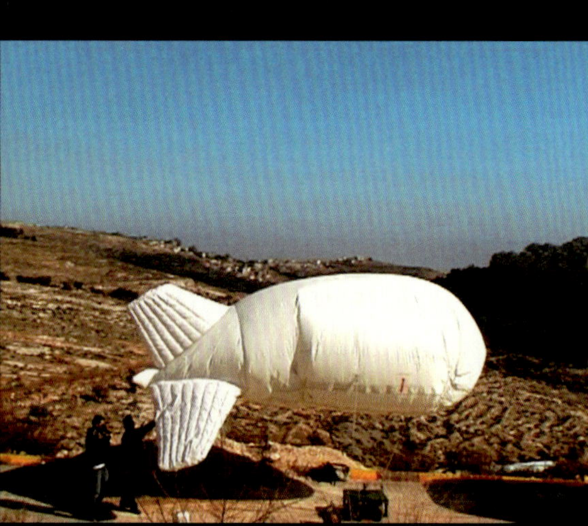

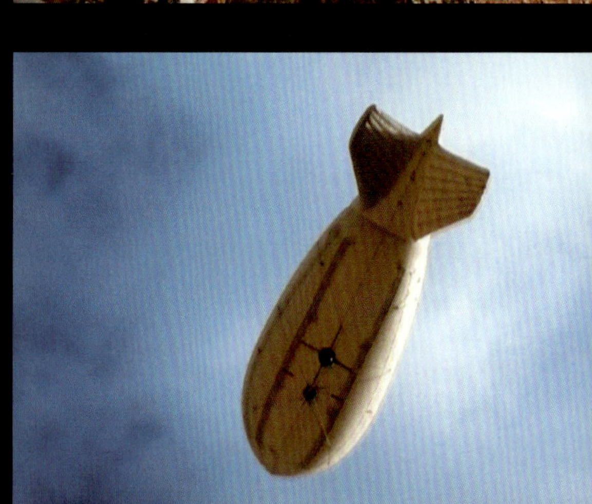

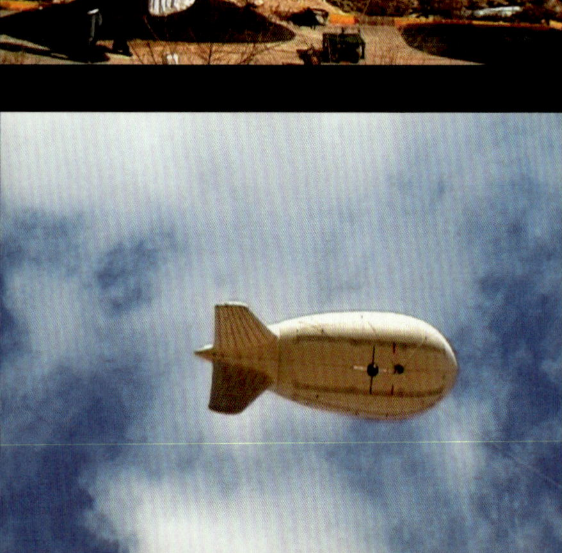

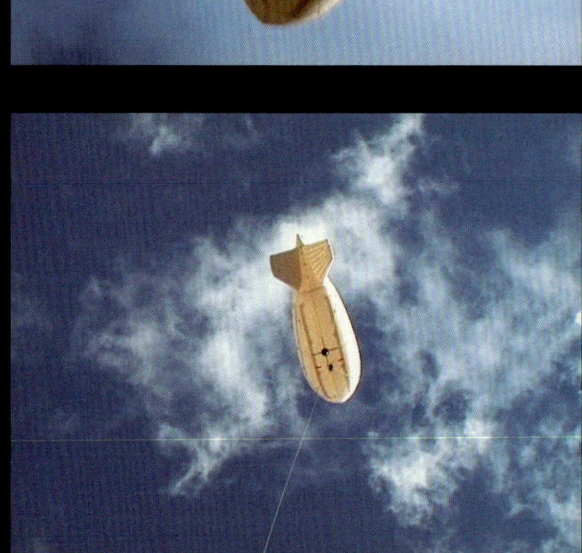

FREEDOM BORDER

2003, mini DV & DVD, PAL

3 min., colour, one-channel video on LCD monitor

Production
Israel
The Netherlands

The video *Freedom Border* is set in a hilly desert landscape. The silhouettes of two settlements are visible in the background. A large white trailer is parked on a road leading through this landscape; there are two pieces of technical equipment in front of it. Two men are busy pulling a white balloon out of the trailer: while one of them is climbing into the back of it, the other one stands near the open back doors, from which part of the balloon is already emerging. Using all his might, one of the men begins pulling at the balloon. Finally, he and his colleague manage to pull it out, and slowly, the balloon begins to ascend into the air. A photographer – who is crouching on the edge of the street across the way – records the entire procedure.

Following a dissolve, the balloon is now recognizable as a zeppelin as it hovers a few meters above one of the machines, to which it is attached with strings. The machine fills the balloon little by little with helium until it becomes taut. Then the zeppelin detaches itself and slowly ascends further into the air, although it is still connected to the earth via a single white cord. Only after the zeppelin has reached a certain distance does it become clear that a second piece of technical equipment is fixed to its body – a camera for long-range surveillance from the air. Gradually, the camera ascends with the zeppelin into a blue sky dulled by only a few scattered clouds. The final shot shows the surveillance zeppelin from below. It turns and finally comes to a halt in a vertical position below a sky that has now turned dark with thick clouds; the zeppelin's nose is pointed toward the earth. The image conveys a sense of danger since the shape of the zeppelin can also be associated with that of a bomb. M.B.

LOW RELIEF II

2004, mini DV & DVD, PAL

13 Min., Farbe, Ton, Installation mit 4 Bildschirmen

Soundtrack
Daniel Meir

Produktion
Israel
Niederlande

Low Relief II basiert auf Aufnahmen gemeinsamer Demonstrationen arabischer und jüdischer Organisationen gegen die Besatzung der palästinensischen Gebiete. Das dokumentarische Ausgangmaterial wurde jedoch durch Zeitlupensequenzen und einen Bildfilter so verfremdet, dass das Geschehen einem Flachrelief (Low Relief) gleich in Grauschattierungen erscheint. Menschen und Gegenstände heben sich allein als weiße Silhouetten vom Hintergrund ab. Die Szenen sind stellenweise von einem an pfeifenden Wind erinnernden Ton untermalt, kurz durchmischt von Taubengurren und leisem Stimmengewirr.

Die Arbeit wird auf einer in eine Wand eingelassenen Reihe von vier Monitoren präsentiert, so dass die einzelnen Sequenzen mal zeitversetzt und mal gleichzeitig zu sehen sind. Zu Beginn verfolgt die Kamera einen Überwachungszeppelin aus der Untersicht, dessen weißer Umriss sich vor dem grau reliefiertem Himmel dreht, um anschließend in Rückenansicht gefilmte Demonstranten zu zeigen, die eine Straße entlang gehen. Eine Blende leitet ineinander fließende Szenen ein: Nacheinander sind Demonstranten und Polizisten zu sehen. Die reduzierte weiß-graue Farbigkeit erschwert stellenweise die Identifizierung der unterschiedlichen Gruppierungen – Polizisten, Israelis und Palästinenser verschwimmen zu einer zähen Masse. Eine andere Sequenz zeigt hingegen eindeutig, wie Polizisten einen Demonstranten gewaltsam aus einer Menge tragen. Es folgen Aufnahmen von Demonstranten, die sich zu einer Kundgebung versammelt haben. Sie gestikulieren und bewegen ihre Münder, ohne dass ihre Stimmen zu hören sind. Zwischen, hinter und über ihnen stehen Schilder und Transparente mit Aufschriften in hebräischer Schrift, die aufgrund der weiß-grauen Farbigkeit an in Stein gemeißelte Inschriften auf Gedenktafeln erinnern. Alle agierenden Personen bewegen sich schwerfällig gleich Statuen, der ikonenhafte Charakter der Bilder lässt die Aktionen befremdlich schematisiert erscheinen. Die Brisanz und die aufgeladene Spannung, die politische Demonstrationen charakterisiert, sind angesichts des gleichmäßigen Tons, der Langsamkeit und der nivellierenden Farbigkeit der Bilder nicht zu spüren. Vielmehr wirken die Situationen ungewohnt banal, harmlos und gleichgültig. Polizisten, die einen Demonstranten aus der Menge isolieren oder durch das Bild strömende Wasserwerfer berühren aufgrund der technischen Verfremdungseffekte nicht mehr oder weniger als die Detailaufnahme einer in einen Apfel beißenden Polizistin. Yael Bartana verweist auf die Alltäglichkeit politischer Demonstrationen in Israel, die sich kaum mehr von weiteren tagtäglich stattfindenden Ereignissen unterscheidet. M. B.

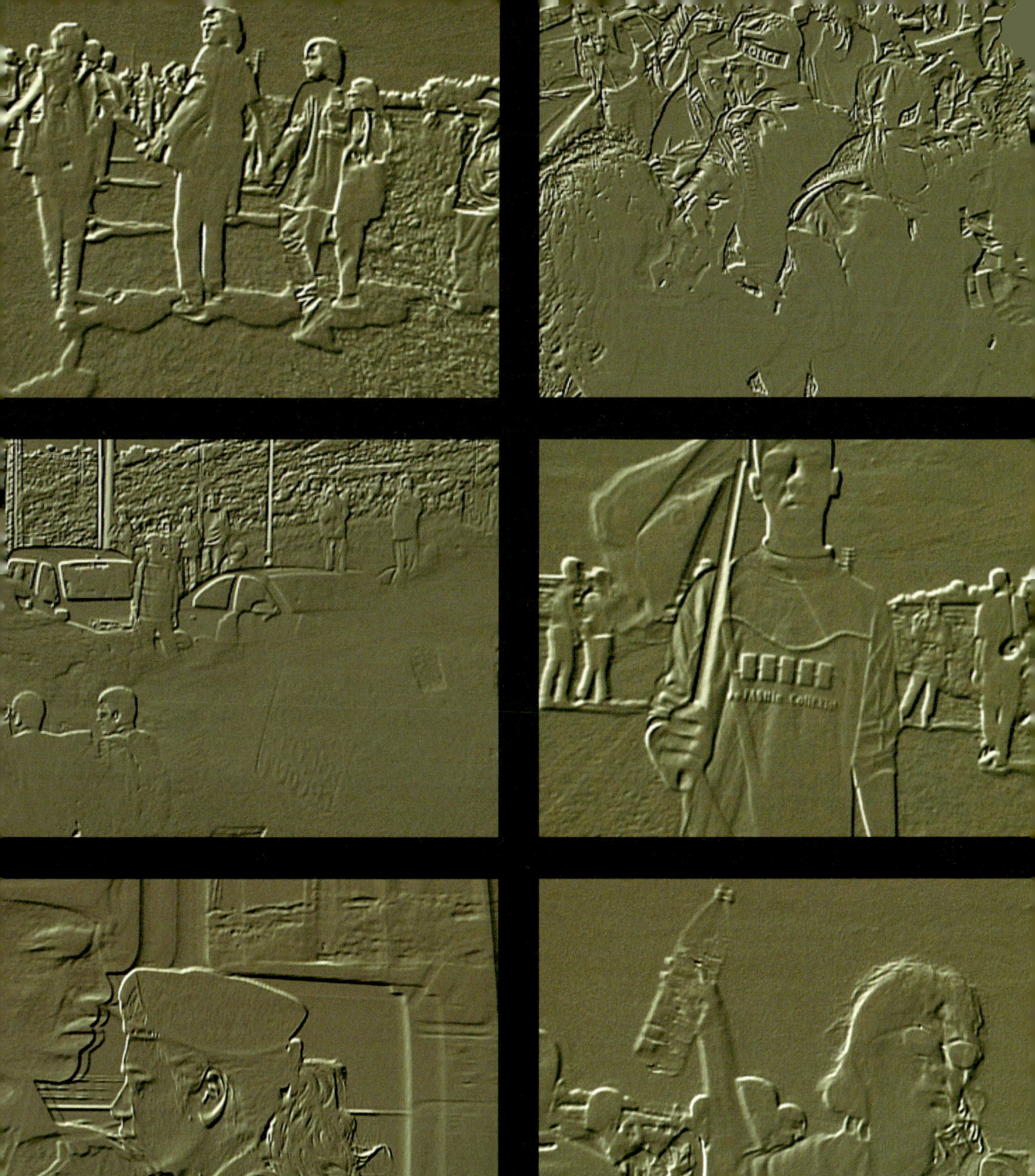
POLICE

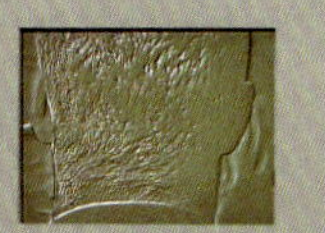
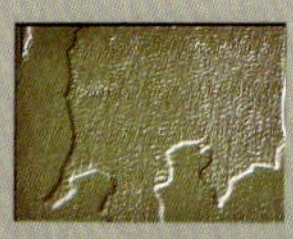
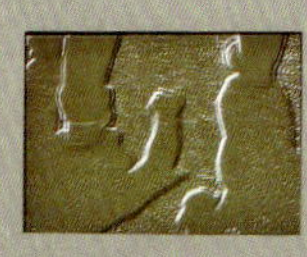
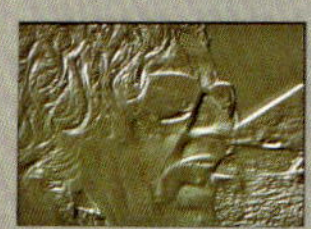

LOW RELIEF II

2004, mini DV & DVD, PAL

13 min., colour, sound, four screen installation

Soundtrack
Daniel Meir

Production
Israel
The Netherlands

The video installation *Low Relief II* is based on recordings of joint demonstrations of Arab and Jewish organisations opposing the occupation of the Palestinian territories. The original documentary material was, however, manipulated by way of slow-motion sequences and a picture filter, so much so, that the events appear as a grey shadow, or a ›low relief.‹ People and objects only distinguish themselves by being white silhouettes against the background. The scenes are partially accompanied by a sound reminiscent of the whistling wind, intermingled with the cooing of pigeons and the quiet murmuring of voices.

The work was presented on four monitors installed in a wall, so that the individual scenes were shown in either delayed fashion or simultaneously sometimes on two, or on all four screens. The video opens with the camera following a surveillance zeppelin from below, the white outline of the balloon contrasting against the grey relief of the sky. The next scene is filmed from behind protestors walking along a street. The video fades into the next scenes which flow into one another: images of demonstrators are followed by pictures of police. Due to the reduction of colour to white and grey and the seamless flow of images, it is sometimes difficult to distinguish between the various groups; police, Israelis and Palestinians blend into one tough group. A different sequence, on the other hand, clearly displays how police officers violently carry a demonstrator out of a crowd. The silhouettes of police officers' heads dominate other images, which then lead into pictures of a demonstration. Protestors have assembled and are gesticulating and moving their mouths, but the viewer cannot hear anything. Signs and banners with slogans in Hebrew are seen between, behind and above them; the white-grey colouring makes them reminiscent of inscriptions chiseled into memorial plaques. All of the people involved move sluggishly, as though they were statues and the iconic character of the pictures allows the actions to be schematized as strange. The emotional tension, which normally characterizes a political demonstration cannot be felt in the video due to the measured sound, slowness and even colouring of the images. Instead, the situations seem much more trite, harmless and indifferent. Images showing police officers pulling a demonstrator out of a crowd or water cannons streaming through the picture do not touch the viewer any more than a picture of a female police officer biting into an apple doe. In the video, Yael Bartana refers to the everyday nature of political demonstrations in Israel, which barely distinguish themselves from other daily events which occur.

M. B.

SHORT MEMORY

2004, mini DV & DVD, PAL

1 Min., Farbe, Ton
Einkanalvideo-projektion

In Zusammenarbeit mit
Gregg Smith

Stimmen
Noa und Lior Frenkel

Produktion
Israel
Niederlande

Im Auftrag von
›Just a Minute‹, International Film Festival Rotterdam, 2004

Ein kurzer Signalton eröffnet parallel zu dem in weiß auf schwarz erscheinendem Titel *Short Memory* eine Sequenz von Fotografien eines Gebäudekomplexes sowie ein aus dem Off zu hörendes Telefongespräch in hebräischer Sprache. Die erste Aufnahme zeigt aus leichter Untersicht ein Gebäude mit geschwungener Fassade auf einer Anhöhe, hinter ihm ragt ein runder Turm in die Höhe – ein Schwarm Vögel zieht vorbei und steigt auf in den strahlend blauen Himmel. Erst nach einer weiteren Überblendung, unterbrochen vom Bild einer braun gewölbten durchlöcherten Wand, wird deutlich, dass sich zwei lange, flachdächige Gebäude kurvenartig um den aufragenden Turm schlängeln und weitere geschwungene Bauten den Komplex ergänzen. Die gesamte Architektur ist in unterschiedlich hellen Brauntönen gehalten, so dass sie sich harmonisch in die umliegende Wüstenlandschaft einfügt. Eine weitere Detailaufnahme zeigt einen braunen Hund, der vor einer in hebräischer Schrift verfassten Gedenktafel im Schatten liegt. Abschließend wird aus der Vogelperspektive sowohl der Gebäudekomplex – ein 1968 fertig gestelltes Friedensmonument für die Soldaten der Brigade, die 1948 die ägyptische Offensive im Negev aufhielt – als auch die umliegende Steinwüste vor dem Hintergrund der Silhouette der Wüstenstadt Be'er Sheva sichtbar.

Parallel zur Bildfolge ist ein Telefongespräch zu hören: Eine Frau ruft aus Malmö einen Freund in Israel an. Der Grund ihres Anrufs läge darin, dass sie kürzlich an ihn dachte, denn sie habe in Malmö Vögel gesehen, die sie beide vor einiger Zeit gemeinsam in der israelischen Wüste Negev beobachtet hätten. Er erinnert sich auch, da sie dazu das Fernglas seines Onkels benutzten. Sie sagt ihm, dass die Vögel im Lexikon als Zwergschnäpper bezeichnet wurden. Sie sei sich sicher, dass es sich um dieselben Vögel handele, die sie kürzlich in Malmö sah und fragt am Ende, ob das nicht erstaunlich sei.

Die englischen Untertitel des Dialogs sind den Bildern der Gedenkstätte derart zugeordnet, dass zu jedem Bild nur jeweils der gesprochene Satz einer Person lesbar ist. Ebenso der erste wie auch der letzte Satz wird von der Frau gesprochen als der Person, die, den Vögeln gleich, von Süden nach Norden gezogen ist. Erhebt das Friedensmonument für die Soldaten der Negev-Brigade den Anspruch des ewigen und beständigen Gedenkens an ein Ereignis, gebunden an einen bestimmten Zeitraum und einen bestimmten Ort, spricht der Dialog parallel zu den Bildern von der Unmöglichkeit der Erfüllung dieses Anspruchs und fragt am Ende zur Luftbildaufnahme der Gedenkstätte in der Wüste Negev ebenso im eigentlichen wie auch im übertragenen Sinne: »Isn't that incredible?«. M. B.

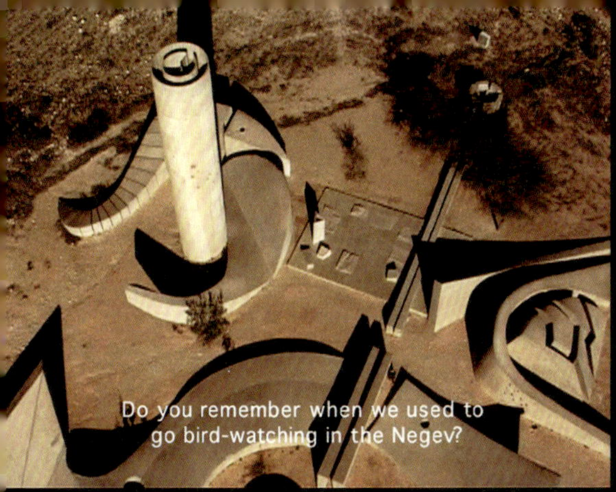
Do you remember when we used to
go bird-watching in the Negev?

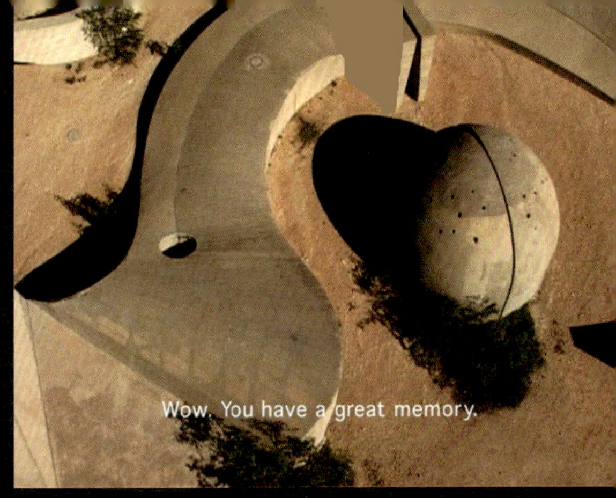
Wow. You have a great memory.

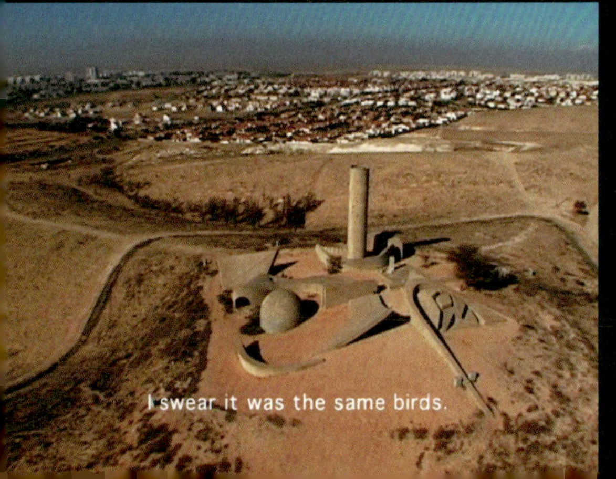
I swear it was the same birds.

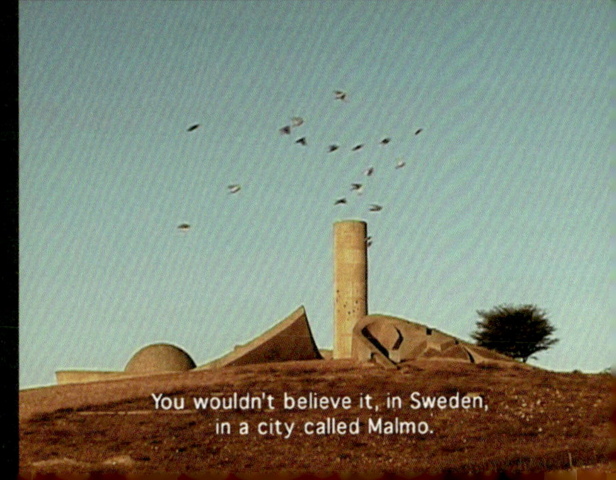
You wouldn't believe it, in Sweden,
in a city called Malmo.

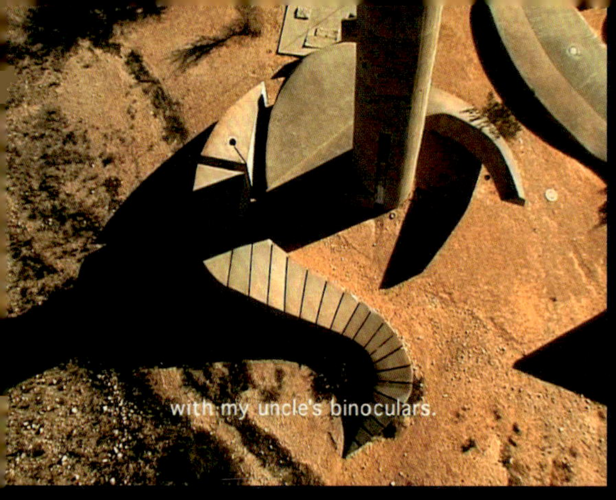
with my uncle's binoculars.

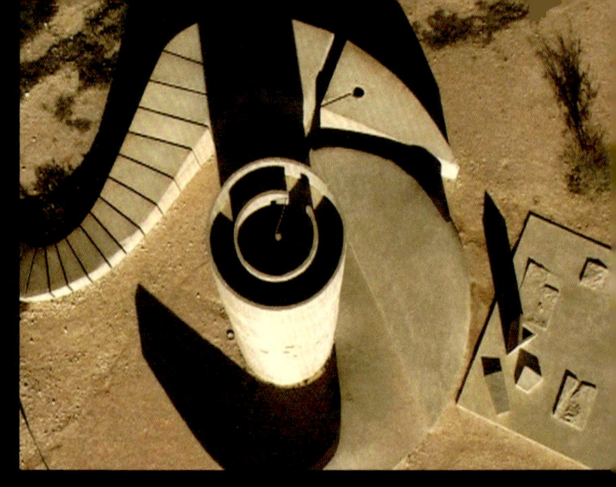

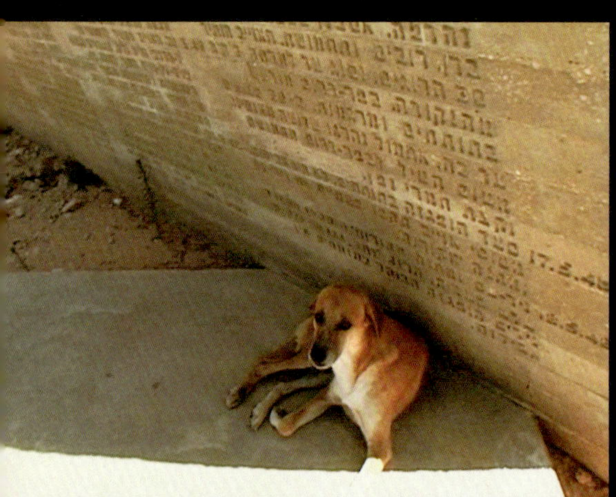

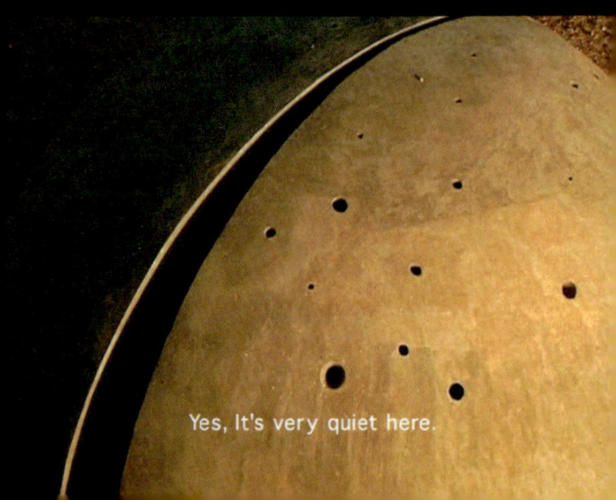
Yes, It's very quiet here.

SHORT MEMORY

2004, mini DV & DVD, PAL

1 min., colour, sound
one-channel videoprojection

In collaboration with
Gregg Smith

Voices
Noa and Lior Frenkel

Production
Israel
The Netherlands

Commissioned by
›Just a Minute‹, International Film Festival Rotterdam, 2004

Parallel to the appearance of the title insert *Short Memory* in white on a black background, a brief audio signal initiates a sequence of photographs of a building complex as well as a telephone conversation in Hebrew that can be heard off-camera. Shot from a slight low-angle, the first photo shows a building with a curved facade atop a hill. Behind it, a round tower rises into the sky; a flock of birds passes by, soaring into the brilliant blue heaven. Only after dissolving to the next photos, among them an arched brown section of wall that is perforated with small holes does it become clear that two long, flat-roofed buildings snake in curves around the high tower. All of the architecture is done in various shades of light brown, so that it fits harmoniously into the desert landscape around it. Another close-up shot shows a brown dog lying in the shade in front of a commemorative plaque written in Hebrew. Finally, taken from a bird's-eye view, the surrounding rocky desert becomes visible in addition to the building complex – a peace monument constructed in 1968 for the soldiers of the Brigade who halted the Egyptian offensive in Negev in 1948. In the background of the picture appears the silhouette of the desert city of Be'er-Sheva.

The following telephone conversation is heard parallel to the series of images: A woman from Malmö is calling a friend in Israel. She explains that the reason she is calling is because she had thought of him recently. She had been birdwatching in Malmö and seen birds there that the two of them had seen together previously in Israel's Negev Desert. He also recalls that they had used his uncle's binoculars at the time. She tells him that the birds were identified as red-breasted flycatchers in the birding encyclopedia. She remarks that she is certain the birds she saw in Malmö recently were the same birds and concludes by asking if that wasn't indeed incredible.

The dialogue is subtitled in English. These subtitles are assigned to the images of the memorial in such a way that each image is accompanied by only one sentence from one of the two people. Both the first and last sentences are spoken by the woman – the person who, like the birds, has migrated from the south to the north. While the peace monument for the soldiers of the Negev Brigade asserts its claim to eternal and unvarying remembrance of an event connected to a particular time and location, the dialogue that runs parallel to the images speaks of the impossibility of fulfilling this claim. In the end, as we see the aerial view of the memorial in the Negev Desert, it poses the question, in both a literal and figurative sense: »Isn't that incredible?«.

M.B.

YOU COULD BE LUCKY

2004, mini DV & DVD, PAL

7 Min., Farbe, Ton, Einkanalvideo- und Soundinstallation

Im Auftrag der
3. Liverpool Biennale

Produzent
Naama Pyritz

Kamera
Yael Bartana
Itai Neeman

Stimme
Noa Frenkel

Soundtrack
Daniel Meir

Produktion
Israel
England
Niederlande

»Once up on a time there was a king« – »He loved horses and so did his circle of friends«, erscheint einleitend in weißen Lettern auf schwarzem Grund auf der Leinwand der 2004 für die Biennale in Liverpool entstandenen Videoinstallation *You Could Be Lucky*. Installiert in einem alten, plüschigen Kinosaal mit rot gepolsterten Sitzreihen, Teppichboden, schweren Samtvorhängen und je drei gerahmten Fotografien springender Pferde an den Seitenwänden – einer Nachahmung eines Kinos im Liverpooler Stadtmuseum, in dem regelmäßig Dokumentationen von Pferderennen laufen – richtet Yael Bartana den Blick auf Englands größtes Hindernisrennen, das Grand National in Aintree. Es sind jedoch nicht die wettkämpfenden Pferde, die die Künstlerin fokussiert, sondern das sich im Rennstadion tummelnde Publikum. Entsprechend bewegt sich die Kamera im Verlauf des Films oft unbemerkt und aus unterschiedlichsten Perspektiven durch die trinkende und lärmende Zuschauermasse, um dabei Codes und Habitus der Liverpooler Bevölkerung beim Pferderennen festzuhalten. Versammeln sich beim königlichen Pferderennen in Ascot die Reichen und Schönen des Landes, kommt in Liverpool die festlich herausgeputzte Arbeiterschicht zusammen, um bei Bier und Würstchen ausgelassen zu feiern.

Die Kamera verfolgt sich zuprostende Männer, zeigt Geldscheine, die in Hosentaschen gesteckt werden, wechselt zu Close-ups von Schuhen und zu kurzen Schwenks auf den eigentlichen Mittelpunkt des Geschehens: den Rennverlauf. Untermalt sind die Szenen von dem allgegenwärtigen Stimmengewirr, den Spannung verheißenden Lautsprecherdurchsagen der Kommentatoren und den exaltierten Ausrufen des Publikums, wobei sich die hektischen Stimmen zunehmend beschleunigen, als würden sie in ihrer Geschwindigkeit mit den gallopierenden Pferden konkurrieren. Für einen Moment ebbt der O-Ton ab, einzelne Bildsequenzen verlangsamen sich, ein sphärischer Ton blendet leise ein. Es dauert jedoch nicht lange, bis die Schreie der Menge ihn erneut durchdringen und schließlich gänzlich übertönen. Die Kamera streift weiter durch das ›glamouröse‹ Spektakel, vorbei an essenden Frauen, an einer Schlägerei, an einer Warteschlange vor der Damentoilette, an einer mit einem Pferdekopf maskierten Person. Damen fuchteln mit ihren Wettzetteln, mancher Zuschauer bricht in Flüche aus. Die Stimmen überschlagen sich, klingen emotionalisierter, je näher das Rennen seinem Ende naht. Arme werden vor Freude hoch geworfen, Menschen springen jubelnd in die Luft. *You Could Be Lucky* – du könntest Glück haben, schreibt sich abschließend auf die schwarze Leinwand des kleinen Kinosaals.

E. B.

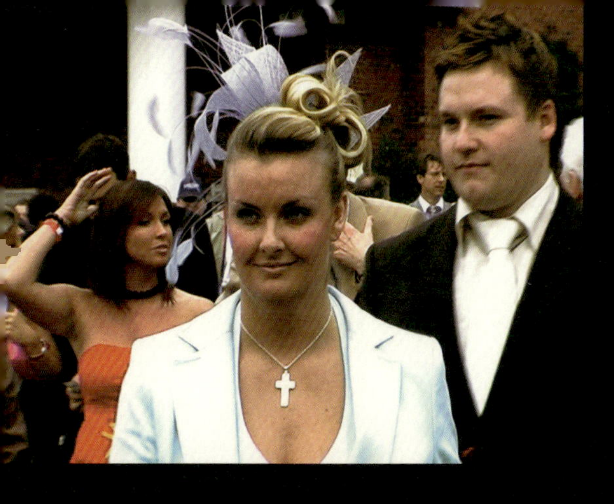

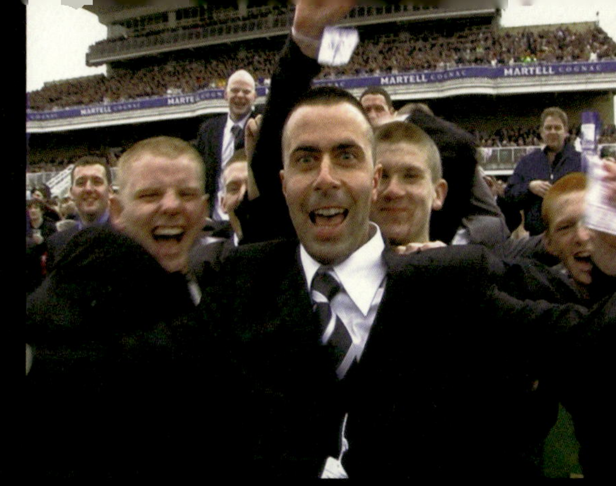
MARTELL COGNAC
MARTELL COGNAC

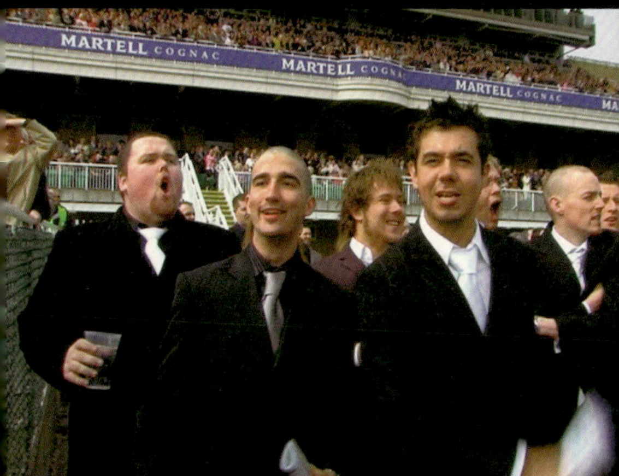
MARTELL COGNAC
MARTELL COGNAC
MARTELL COGNAC

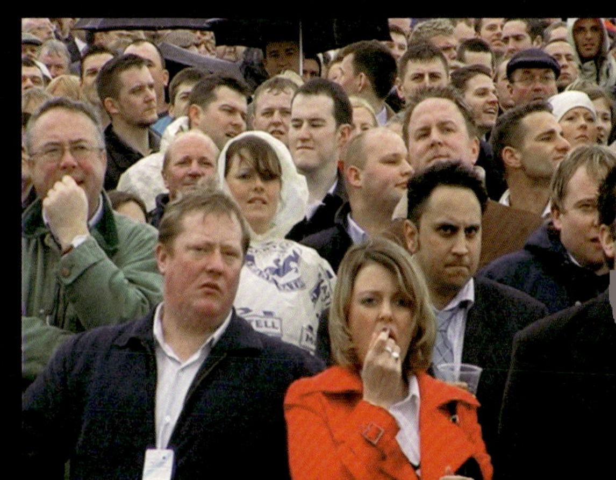

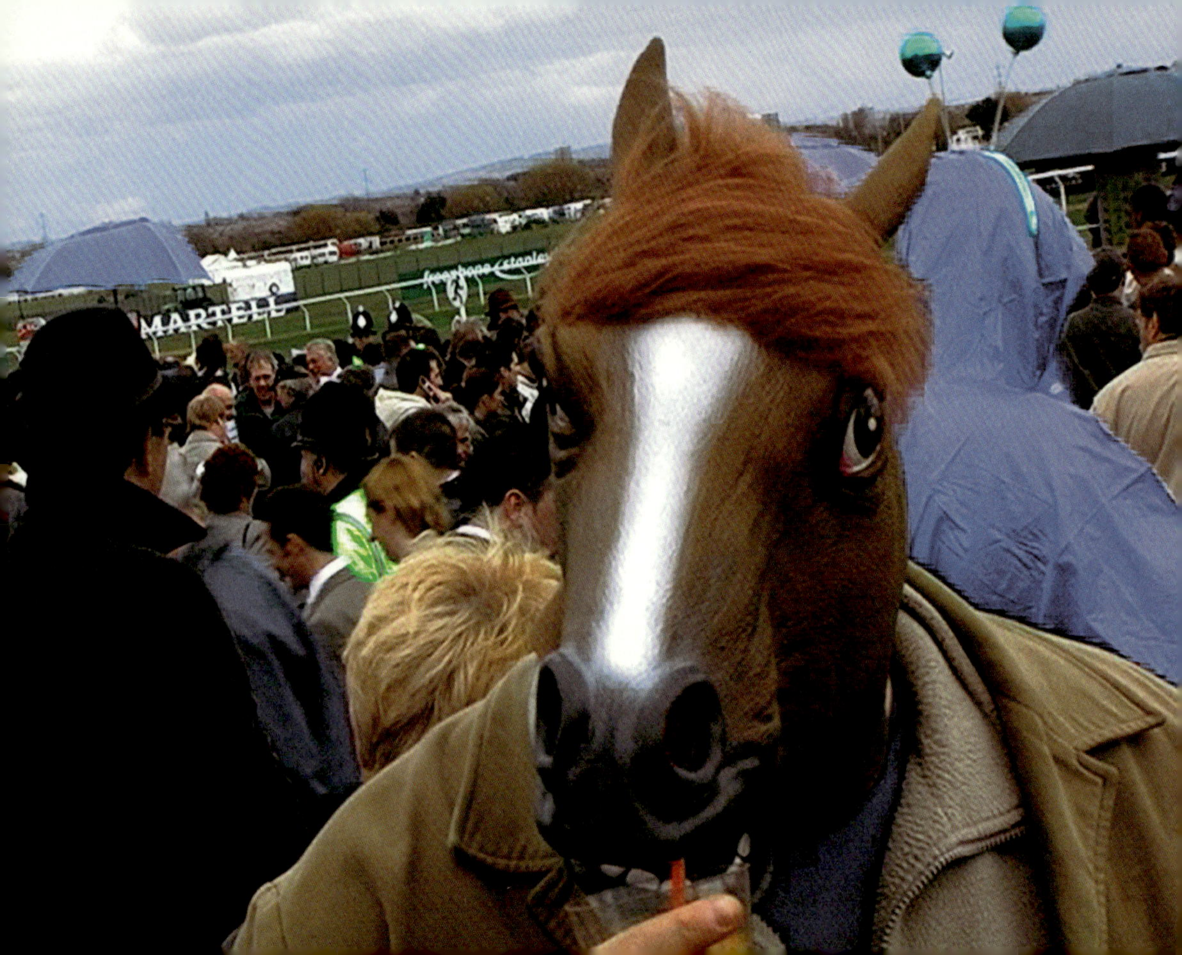
MARTELL

YOU COULD BE LUCKY

2004, mini DV & DVD, PAL

7 min., colour, sound, one-channel video- and soundinstallation

Commissioned by
The third
Liverpool Biennial

Producer
Naama Pyritz

Camera
Yael Bartana
Itai Neeman

Voice
Noa Frenkel

Soundtrack
Daniel Meir

Production
Israel
England
The Netherlands

»Once up on a time there was a king«, »He loved horses and so did his circle of friends« appear in succession on the screen in white lettering on a black background in the introduction to the video installation *You Could Be Lucky*, created by Yael Bartana in 2004 for the Biennale in Liverpool. The work is installed in an old, plush cinema with rows of red upholstered seats, carpeting, heavy velvet curtains and three framed photos of jumping horses on each of the sidewalls (in imitation of a cinema at Liverpool's city museum in which horse race documentaries are shown regularly). With it, the artist sets her sights on England's biggest steeplechase race, the Grand National in Aintree. Yet, rather than turning the spotlight on the horses participating in the competition, the artist focuses on the spectators cavorting at the racetrack. Thus, in the course of the film, the camera often moves unnoticed and from a variety of different angles through the assembled crowds – drinking, noisy, sometimes relaxed, sometimes tense – in order to document the codes and habits of the citizens of Liverpool at the horse races. Whereas the Royal races at Ascot attract the nation's richest and most beautiful people, it quickly becomes clear that in Liverpool the smartly dressed working class gathers over beer and sausage to have a good time.

The camera wanders through the crowd, follows men sharing a toast, switches to close-ups of shoes, shows banknotes being tucked into trouser pockets – all of it punctuated by short panning shots onto the actual centre of activity: the race itself. The scenes are accompanied by the sounds of the ever-present babble of voices, the suspense-heightening public address announcements of the commentators and the effusive cheers of the spectators. With time, the hectic voices grow increasingly faster, as if they were competing with the velocity of the galloping horses. For a moment, the sounds die away, individual picture sequences slow down and a spherical sound is heard at a low volume. However, it does not take long before the shouts of the crowd penetrate the sound again and eventually drown it out completely. The camera continues to drift through the »glamorous« spectacle, passing by women eating, a fistfight, a line in front of the ladies' room and a person wearing a horse head mask. Ladies wave their betting slips; some spectators break out cursing. The voices follow one another in quick succession sounding more emotional the nearer the race comes to its conclusion. People throw their arms up in joy or jump jubilantly into the air. Finally, the title *You Could Be Lucky* appears on the black screen of the little cinema.

E. B.

SIRENS' SONG

2005, mini DV & DVD, PAL

4 Min., Farbe, Ton, Einkanalvideoprojektion

Produzent
Noa Raanan

Kamera
Itai Neeman
Asaf Shiran

Blaskapelle des Konservatorium Holon, Israel

Soundtrack
Daniel Meir

Produktion
Israel
Niederlande

Vier in alle Himmelsrichtungen ausgerichtete Lautsprecher auf dem Dach eines Pavillons an einem Strand vor rauschendem Meer, in dem Menschen baden und surfen, bestimmen die erste Einstellung von *Sirens' Song*. Eine dunkle Wolkendecke wird von Sonnenstrahlen durchbrochen, nach und nach fliegen bunte Drachen vorbei.

Dann wechselt die Perspektive auf die Höhe eines Steinpollers vor befahrener Straße, auf den eine Person steigt, von der nur die Joggingschuhe zu sehen sind. Aus dem Off erklingt von Blasinstrumenten gespielte Marschmusik, die langsam lauter und von Verkehrsgeräuschen durchmischt wird. Plötzlich ertönt eine Fanfare. Ihre stakkatoartigen Töne münden in die Marschmelodie, die akustisch einen längeren Kameraschwenk auf die mit israelischen Fahnen beflaggte Strandpromenade begleitet. Häufiger als die mit weißen Hemden bekleideten Musiker selbst, sind ihre sich bewegenden Schatten auf dem Boden sowie auf den vorbeifahrenden Fahrzeugen zu sehen. Ihre harmonisch gespielte Melodie gleitet ins Monotone ab und wird schließlich von Verkehrsgeräuschen verdrängt. Der ungewohnte Anblick der Musiker am Straßenrand der Promenade scheint die vorbeifahrenden Menschen nicht sonderlich zu beeindrucken – weder einen aus dem geöffneten Beifahrerfenster schauenden Mann, noch eine Frau in einem israelisch beflaggten Auto.

Nochmals erfolgt ein Schnitt auf den Pavillon, vor dem ein Pferdefuhrwerk entlang fährt. Die Szene begleitet die bereits vertrauten Fanfarentöne, die nun anstatt in die Marschmelodie zu münden, in eindringliche Disharmonien abgleiten, gegen die sich die kurz wieder ertönende Melodie nicht durchsetzen kann. Zwischendurch folgen immer wieder Nahaufnahmen kelchförmiger Öffnungen der Blasinstrumente, zu denen auch eine weiße Tuba gehört – Formen, die an die Lautsprecher auf dem Pavillondach erinnern. Wiederholt schwenken die Musiker ihre Instrumente den vorbeifahrenden Fahrzeugen hinterher und versuchen vergeblich, sie in ihrer Fahrt zu beeinflussen, doch selbst die aufdringlichen Töne vermögen den alltäglichen Verkehr einer israelischen Großstadt nicht zu stören.

Durch eindringlichen Gesang Schiffer ertrinken zu lassen – an dieser Kraft der Sirenen aus der griechischen Mythologie mangelt es den Tönen der Blasinstrumente. Denn die letzten Aufnahmen – eine von Autos befahrene israelisch beflaggte Kreuzung und das nun aus weiterer Distanz aufgenommene Pavillondach mit den Lautsprechern – untermalt wieder eine Marschmelodie, so dass der Anschein geweckt wird, nichts sei geschehen.

M. B.

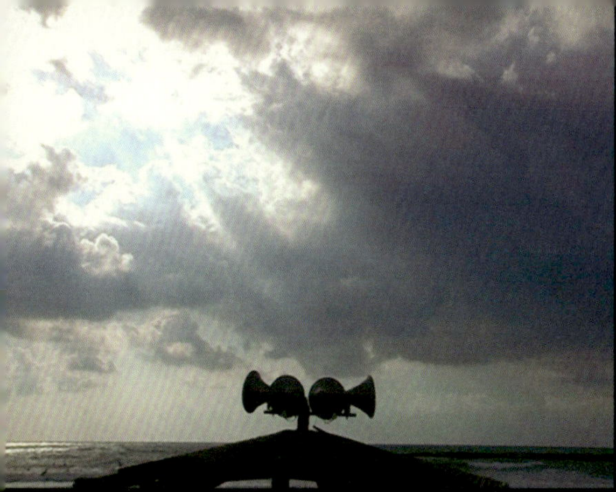

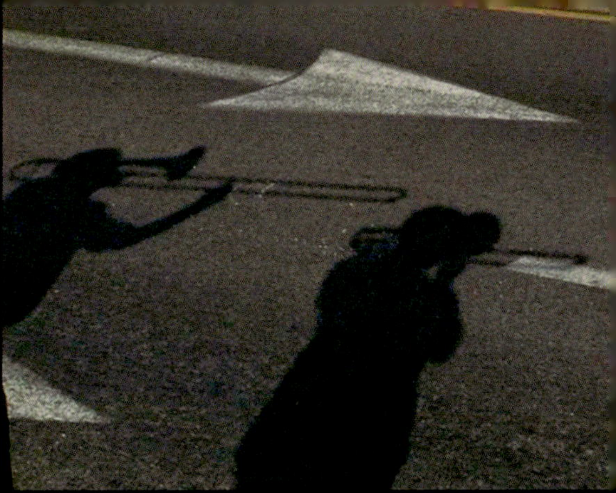

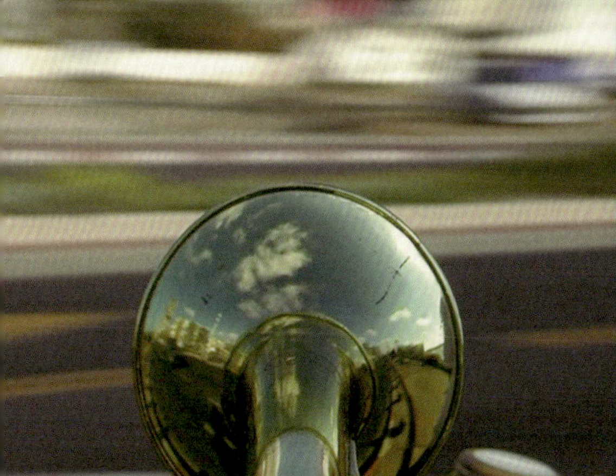

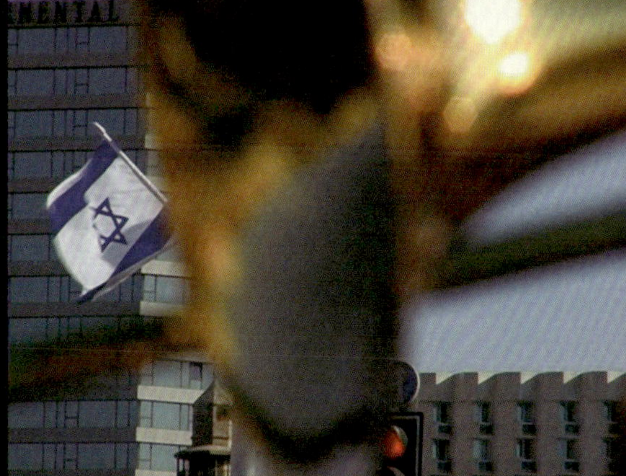

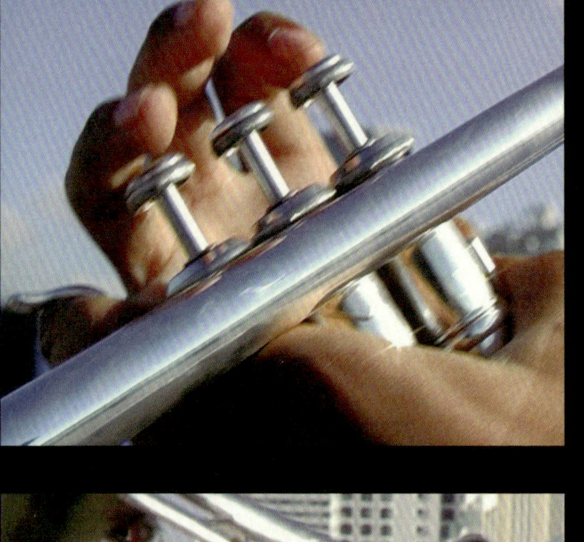

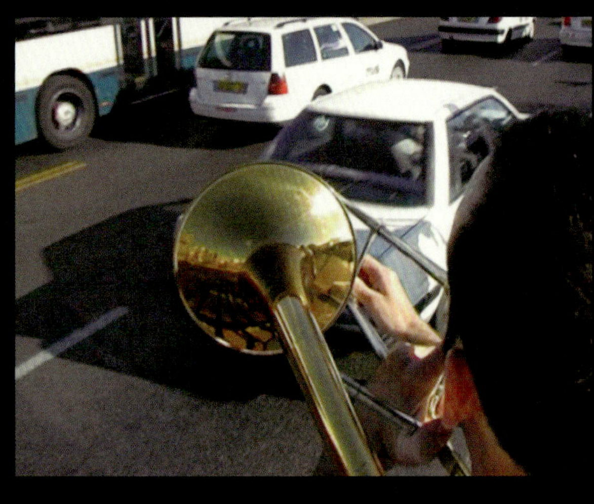

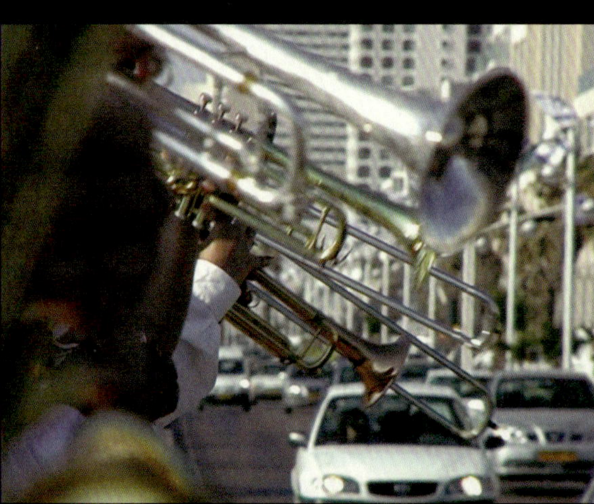

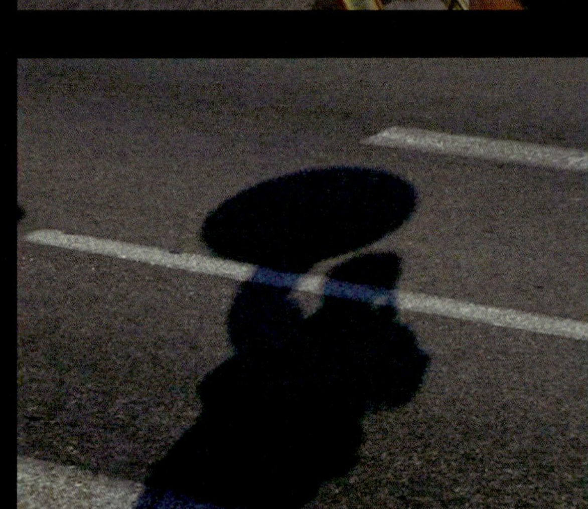

SIRENS' SONG

2005, mini DV & DVD, PAL

4 min., colour, sound, one-channel videoprojection

Producer
Noa Raanan

Camera
Itai Neeman
Asaf Shiran

Brass Band from the Holon Conservatory, Israel

Soundtrack
Daniel Meir

Production
Israel
The Netherlands

The first shot of *Sirens' Song* shows stereo speakers that are pointing in four different directions installed on top of a pavilion located on a beach, with people swimming and surfing in the ocean. Bright sunlight peeks through the dark blanket of clouds above as colourful kites fly through the sky.

The camera's perspective changes and becomes level with a stone bollard which stands in front of a busy street. One sees only an image of jogging shoes as their wearer steps up onto the post. Wind instruments playing a military march can be heard off-camera, but the music slowly grows louder and the sound of traffic noise blends in at times with the harmonious sounds. Fanfare music can suddenly be heard. The staccato-like notes then merge into the military march that accompanies a long panning shot along a beach promenade lined with Israeli flags. The musicians, who are dressed in white shirts, appear less in the image than their shadows do as they move across the ground or across the vehicles that pass by. The musicians' harmonious melody soon turns into monotony and eventually gives way to the drone of traffic. None of the people passing by in the traffic seem particularly bothered or impressed by the unusual sight of the musicians on the side of the road; neither a man looking out of the passenger side of one car, nor a woman going by in a different car decorated with the Israeli flag.

The camera cuts back to the pavilion in front of which a horse-drawn cart passes by. The fanfare music from earlier accompanies this scene, but does not give way to the familiar military march. Instead, it lapses into disharmony and an increasingly insistent sound against which the melody that can be heard again briefly cannot compete. In between close-up shots of the goblet-shaped openings of the wind instruments follow, which also include a white tuba – shapes that resemble those of the speakers atop the pavilion. The musicians once again try to follow the people who pass by in their cars or on their motorcycles with their instruments and cause a reaction in some way but even exceedingly beguiling sounds cannot influence the daily flow of traffic in an Israeli metropolis.

To make mariners drown by the sound of haunted singing: the sounds coming from the wind instruments do not have this power of the sirens from Greek mythology since the last images of the video – of a traffic intersection lined with Israeli flags and of the pavilion roof with the speakers now seen from afar – are once again accompanied by the military music, as if nothing had happened in-between. M. B.

WILD SEEDS

2005, mini DV & DVD, PAL

6' 40'', Farbe, Ton, Zweikanalvideo- und Soundinstallation

Basierend auf dem Spiel »Evacuation of Gild's Settlement«

Vorgeführt von jungen israelischen Linksaktivisten

Produzent
Ilil Bartana

Kamera
Yael Bartana
Itai Neeman

Soundtrack
Daniel Meir

Produktion
Israel
Niederlande

Die Video- und Soundinstallation *Wild Seeds* besteht aus zwei in einer Ecksituation präsentierten Projektionen. Große, blaue auf dem Boden liegende Samtkissen laden die Besucher ein, Platz zu nehmen.

Eine der beiden Projektionen richtet den Blick auf eine Gruppe von Jugendlichen, die inmitten einer kargen Berglandschaft der Westbank die »Evakuierung der Gilad-Siedlung« in Form eines Spiels simulieren. Ein Spiel, das von israelischen Aktivisten entwickelt wurde und auf einer realen Konfrontation zwischen der israelischen Armee und jüdischen Siedlern beruht. Die Kamera umkreist die Teenager, während sie im Gras sitzend ihre Körper ineinander verknoten und sich weigern, ihre Position aufzugeben. Zwei weitere jeweils wechselnde Personen repräsentieren die Autoritäten, die bemüht sind, die Besetzung aufzulösen und die Körper auseinander zu reißen. Es folgen Nahaufnahmen einzelner Körperfragmente: Hände, die nach Händen greifen, sich an Beinen oder Füßen festklammern; andere Hände, die einzelne Jugendliche aus der Gruppe zu zerren versuchen, brutal an fremden Armen wie Beinen ziehen und in Gesichter fassen. Schreie und Lachen lösen einander ab, die Atmosphäre alterniert immer wieder zwischen ausgelassenem Spiel und Aggression. Untermalt ist die Szenerie mit der weiblichen Stimme einer Reformkantorin, die aus dem Off über die Liebe Gottes singt. Auf der anderen Projektion können die ins Englische übersetzten und synchron zum Film geschnittenen Untertitel ihrer Schreie und Ausrufe mitverfolgt werden: »Traitor«, »A jew does not deport another jew«, »This is our land«. Die Schriftprojektion kreiert eine zweite Narrationsebene, die weniger vom Spiel handelt als vom politischen Moment der Evakuierung.

E. B.

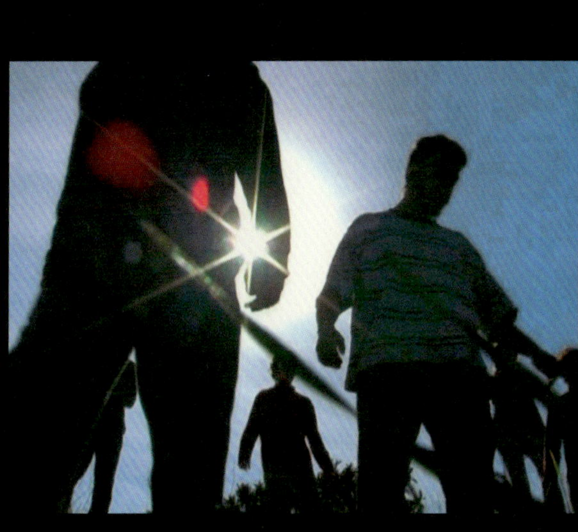

we have a plan to conquer this land

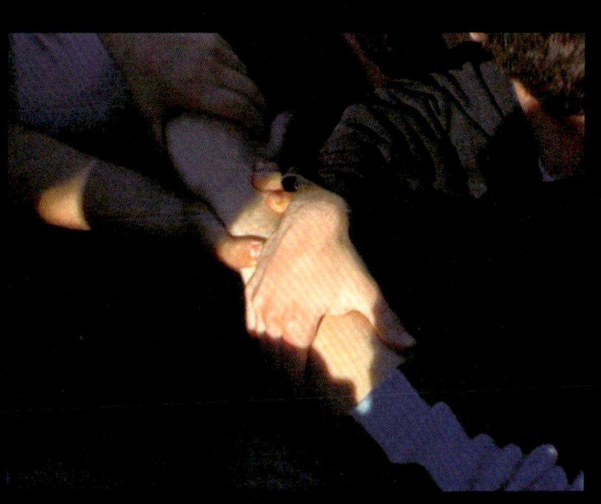

you are in the middle, you are safe

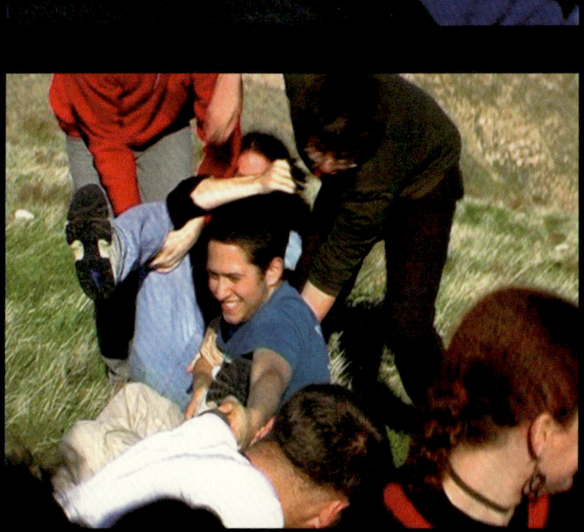

sit on your ass, what else?
(giggles)

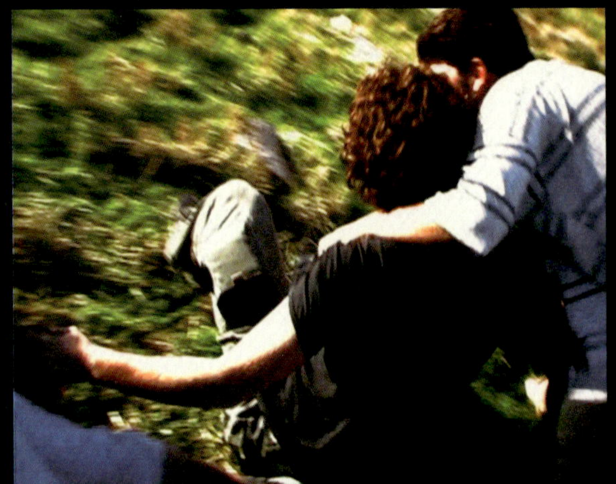

(heavy breathing)

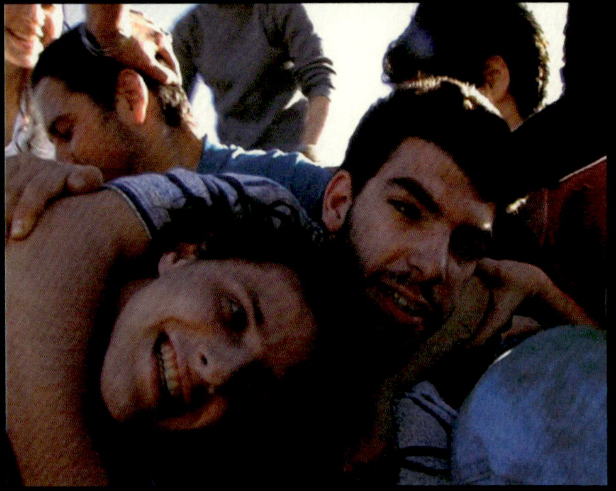

I surrender

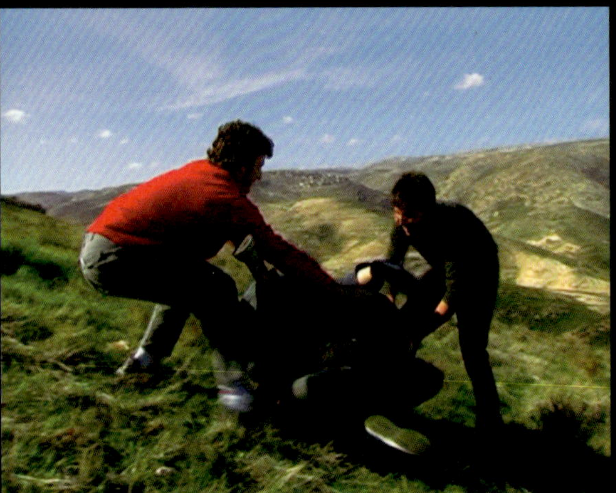

A jew does not deport another jew

WILD SEEDS

2005, mini DV & DVD, PAL

6' 40", colour, sound, two-channel video- and soundinstallation

Based on the game
»Evacuation of Gild's Settlement«

Performed by
young Israeli left activists

Producer
Ilil Bartana

Camera
Yael Bartana
Itai Neeman

Soundtrack
Daniel Meir

Production
Israel
The Netherlands

The video and sound installation *Wild Seeds* consists of two projections shown on adjoining walls. Large blue velvet cushions lying on the floor invite the viewers to take a seat.

One of the two projections focuses on a group of youths in the middle of a barren West Bank mountain landscape. The group is simulating the »evacuation of the Gilad settlement« in the form of a game. The game was developed by Israeli activists and is based upon an actual confrontation between the Israeli army and Jewish settlers. The camera circles the teenagers, who are seated on the grass, as they link their bodies together into knots and refuse to leave their settlement. The players take turns being two of the authorities who attempt to break up the occupation and pull the bodies away from each another. Close-ups of body parts are then shown: Hands grab at hands or latch onto legs or feet; other hands attempt to yank particular youths out of the group, brutally pulling at arms and legs and jabbing at faces. The sounds of screams and laughter alternate; the atmosphere moves back and forth between being playful and aggressive. The scenes are accompanied by the voice of a female reform cantor, who sings off-camera about the love of God. The second projection allows the viewer to read English translations synchronized to the cries and exclamations within the other film: words such as »traitor,« or sentences like »A Jew does not deport another Jew« or »This is our land.« The text projection creates a second narrative that has less to do with the game and but more with the political moment of the evacuation. E.B.

ODDS AND ENDS

2005, Digital Beta & DVD, PAL

4 Min., Farbe, Ton, Einkanalvideo- und Soundinstallation

Im Auftrag der Neuen Israelischen Stiftung für Kino und Fernsehen

Produzent Naama Pyritz

Schauspielcoach Alona Peretz

Kamera Itai Neeman

Soundtrack Daniel Meir

Produktion Israel Niederlande

Odds and Ends wird als Rückprojektion auf einer großen Leinwand vor einem rosa Teppich präsentiert. Von einem gewölbten Glasdach aus fährt die Kamera in das Innere einer tageslichtdurchfluteten Shoppingmall zu einem aufwärts fahrenden Fahrstuhl voller Menschen, die pink leuchtende Plastiktüten mit aufgedrucktem Comicgesicht an seine gläserne Wand drücken. Unter ihnen steht ein zunächst nur im Profil zu sehendes schwarzhaariges Mädchen. Die Kamera bewegt sich weiter in Richtung zweier dunkelhäutiger Jungen, die sich über das Geländer einer Brücke beugen, um ebenso wie das Mädchen im Fahrstuhl neugierig Menschen zu beobachten, die sich um einen Verkaufsstand bunter Sportkleidung scharen. Zahlreiche, an den Kleidungsstücken und an pinkfarbenen Tüten zerrende Hände und Arme dynamisieren die von einer wirren Geräuschkulisse untermalte Szene. Das unruhige Treiben unterbrechen aus Kniehöhe aufgenommene Sequenzen, die bunte Plastiktüten mit Comicgesichtern dominieren. Dann wechselt das Tempo zur Zeitlupe und die Perspektive auf das Gesicht des schwarzhaarigen Mädchens, das nun inmitten des Geschehens steht und einen Handel zwischen zwei Personen skeptisch mit ihrem Blick verfolgt. Lautes und aggressives Kaufgebaren von Frauen und Männern bestimmt die folgenden Szenen, zwischen denen immer wieder das Mädchen erscheint, das jetzt ebenfalls zu handeln beginnt. Eine Lautsprecherdurchsage begleitet eine weitere Kamerafahrt aus Kniehöhe, bevor erneut das laute Stimmengewirr der Konsumenten die Atmosphäre bestimmt. Ein Zoom auf die pinkfarbenen Tüten eröffnet anschließend längere in Zeitlupe und mit kreisender Kamerabewegung gefilmte Sequenzen einer Menge dicht gedrängt stehender Menschen, die versuchen, violett und hellblau leuchtende Sportartikel zu erhaschen; zwischen ihnen lenkt ein kahlköpfiger Mann Transaktionen von Geld gegen Ware in alle Richtungen. Aggression und Hektik beherrschen die von bunten Farbkontrasten und lauten Stimmen und Pfeiftönen belebte Szenerie, in der selbst das junge Mädchen untergegangen zu sein scheint, denn ihr Gesicht ist nicht mehr zu sehen. Hingegen ist inmitten der aggressiv gestikulierenden Menschen ein unter Tüten und Kleidern begrabener Mann auszumachen, der vergeblich versucht, sich aus dem Chaos zu befreien. Es scheint sich endlos fortzusetzen, denn selbst nach der Abblende ist die wirre Geräuschkulisse noch zu hören.

Letztendlich gebärt sich das Verhalten des Einzelnen in der anonymen Menschenmenge ebenso schematisiert und künstlich wie das Comicgesicht auf den pinkfarbenen Plastiktüten, denn es wird allein von der Gier nach »Schnäppchen« gelenkt, im Englischen: »Odds and Ends«.

M. B.

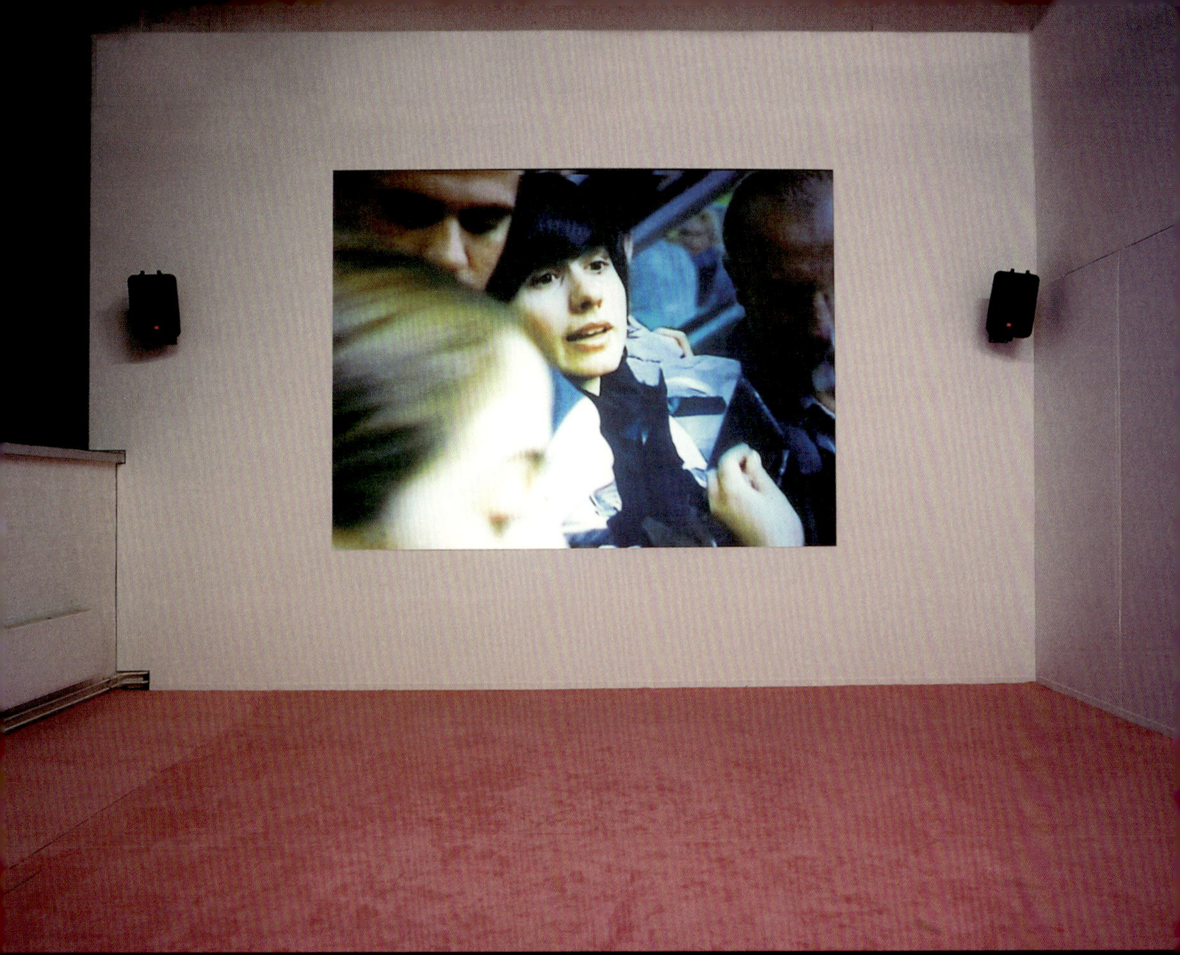

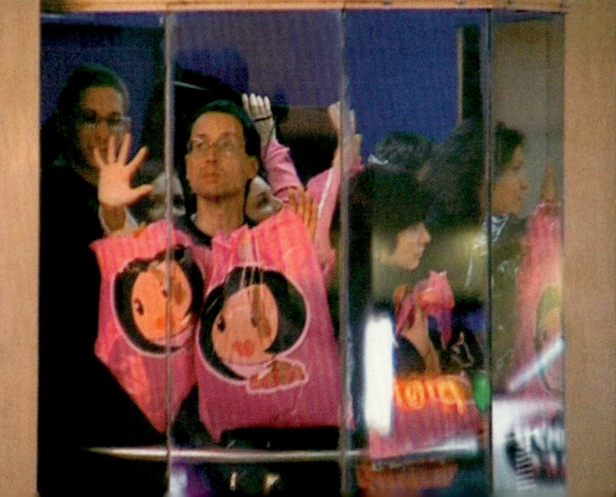

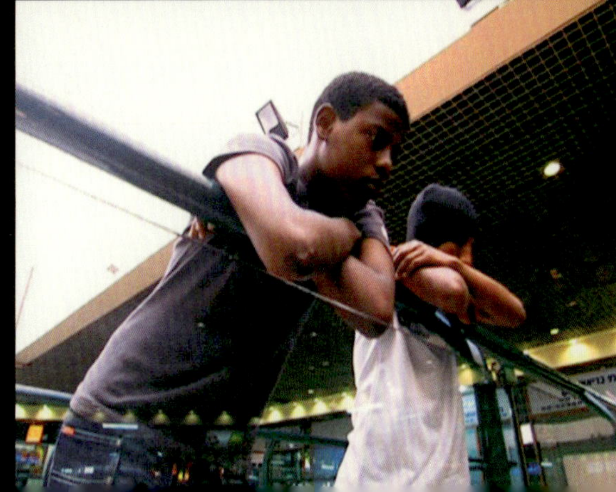

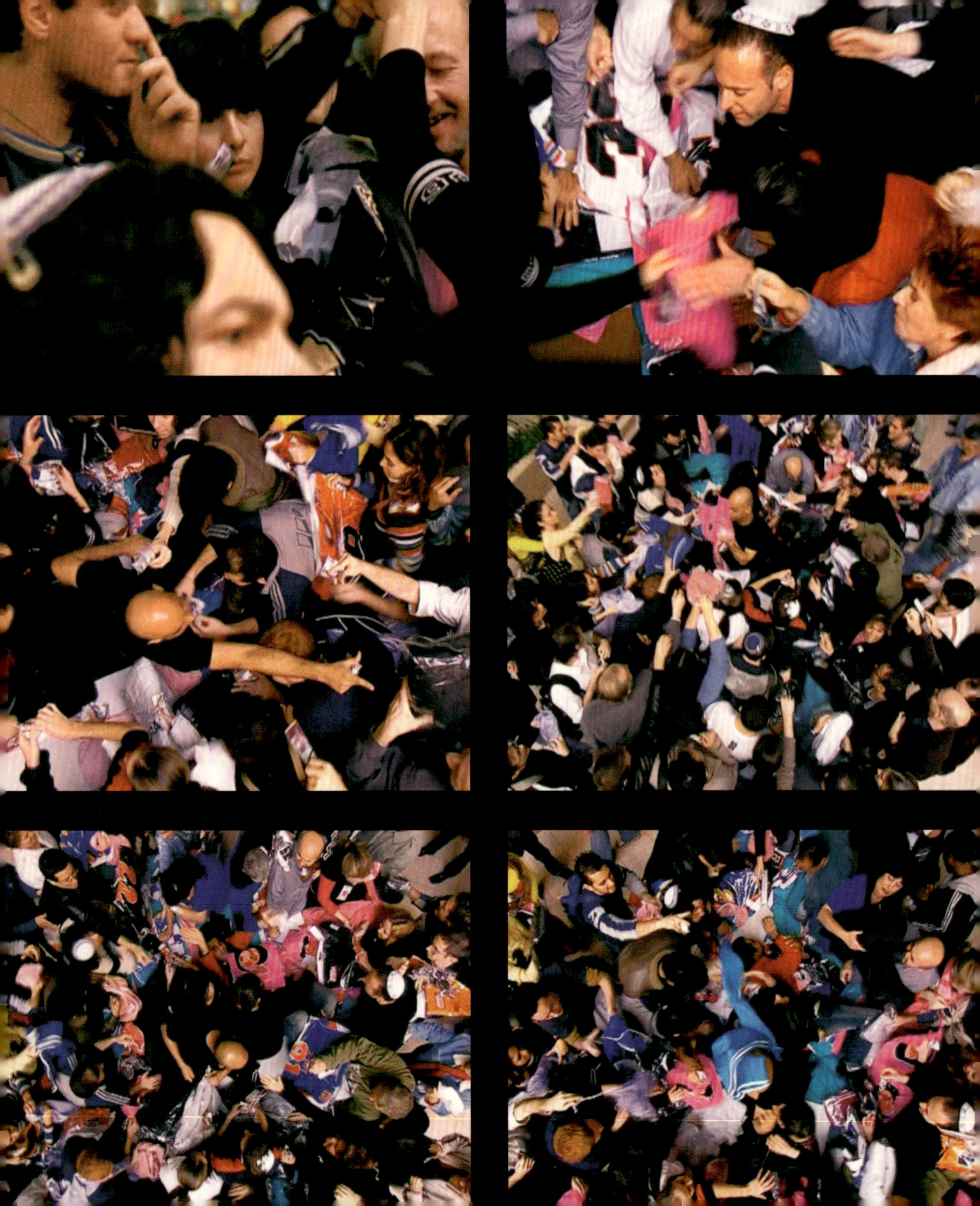

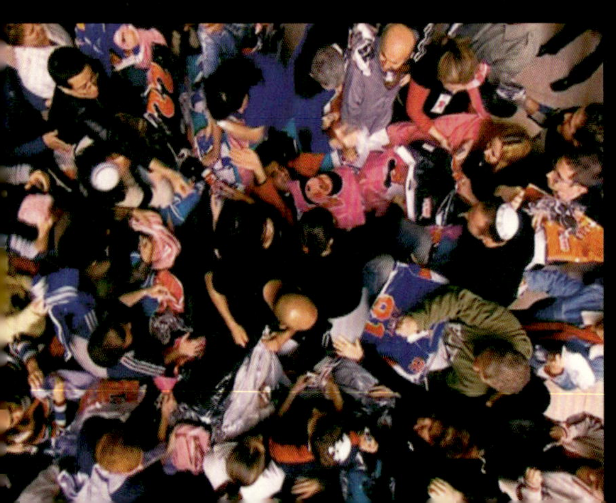
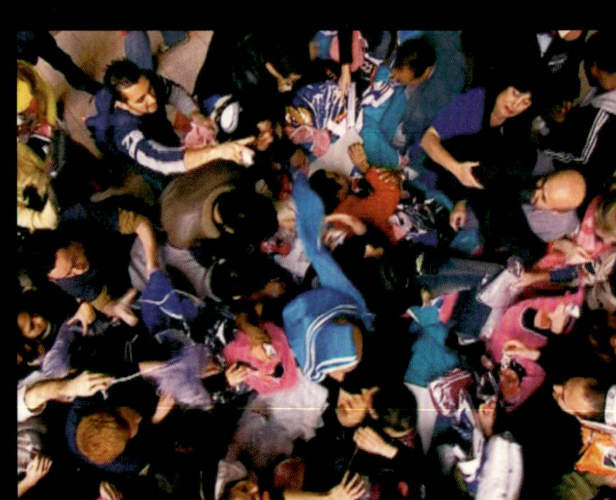

ODDS AND ENDS

2005, Digital Beta & DVD, PAL

4 min., colour, sound, one-channel video- and soundinstallation

Commissioned by
The New Israel Foundation for Cinema & TV

Producer
Naama Pyritz

Acting Coach
Alona Peretz

Camera
Itai Neeman

Soundtrack
Daniel Meir

Production
Israel
The Netherlands

Odds and Ends is projected onto a large screen in front of a pink carpet. From a rounded glass roof the camera moves inside a shopping mall flooded in light and approaches a rising elevator filled with people who are pushing plastic bags decorated with cartoon faces up against the glass wall. A young girl with black hair is shown in profile among them. The camera moves in the direction of two dark-skinned boys who lean over the banister of a bridge to – like the girl in the elevator – observe with curiosity a crowd of people who have gathered around a stand offering colourful sports clothes for sale. The scene is filled with images of people's hands as they pull at articles of clothing and pink bags. A cacophony accompanies the pictures. The unruly activity is interrupted by sequences filmed at knee-height that are dominated by the colourful plastic bags with the cartoon faces. The camera switches in slow motion to the face of the girl who is now standing inside the crowd, listening to the negotiating going on between two people with an interested, but skeptical look on her face.

Loud, aggressive bargaining going on among the women and men dominate the following scenes, with the girl repeatedly appearing in the crowd and beginning to make offers herself. A public announcement sounding out from speakers accompanies other images shot at knee-height; the consumers talking all at once then take control of the scene again. A zoom onto the pink bags commences a longer sequence filmed in slow motion with the camera moving in circles. It portrays a group of people standing very close together, who try to snatch a piece of clothing. Among them stands a bald man handling the purchasing transactions coming from all sides. The scenes filled with colourful contrasts and innumerable loud voices and whistles convey a strong sense of aggression and hectic activity. The young girl seems to have been drowned out by it all as her face no longer appears anymore. Among the aggressively gesticulating people, however, a man partially hidden by the plastic bags and clothes can be discerned, who is trying to make his way out of the chaotic atmosphere. The situation seems to repeat itself endlessly since, even after the images fade away, a backdrop of noise can still be heard.

Ultimately, the behavior of each individual in the anonymous crowd reveals itself to be as schematized and artificial as the cartoon faces on the pink plastic bags since it is motivated purely by the greed of trying to get a good bargain while grabbing at »Odds and Ends«.

M. B.

A DECLARATION

2006, mini DV & DVD, PAL

7 Min., Farbe, Ton, Einkanalvideoprojektion

Regisseurin
Yael Bartana

Schauspieler
Shlomi Einy

Kamera
Itai Neeman

Kameraassistent
Dudu Stozmeister

Produzentin
Yael Bartana

Produktionsassistent
Ohad Keynar

Soundtrack
Daniel Meir

Filmische Bearbeitung
Dror Stravinski

Muse
Thalia Hoffman

Produktion
Israel
Niederlande

Gefördert von
The Israeli Center for Digital Art, Holon
27. Sao Paolo Biennale

A Declaration wurde im Süden Tel Avivs im Bereich der unsichtbaren Grenze zwischen der Stadt und Jaffa gedreht. Der Film beginnt mit dem Klang von Wellen und dem Bild einer israelischen Flagge, welche die gesamte Leinwand einnimmt. Es folgt das schwirrende Geräusch eines Hubschraubers (ähnlich denjenigen, die man dort nachts während des zweiten Libanonkrieges im Sommer 2006 hörte). Ein junger Mann in weißem Unterhemd rudert ein Boot, in dem er einen Olivenbaum befördert. Er erreicht den auf den Golanhöhen bei Jaffa gelegenen Andromeda-Felsen, reißt die israelische Flagge aus der Erde und pflanzt statt ihrer den Olivenbaum ein. Die Kameraführung bei dieser Arbeit zeichnet sich durch eine auffallende Weichheit aus. Es scheint, als kokettiere Yael Bartana einerseits mit der Propagandafotografie des Jewish National Fund (JNF) aus den 1930er Jahren und andererseits mit Leni Riefenstahls fotografischer Technik, so etwa hinsichtlich der Verwendung eines Weichzeichners, durch den Perspektive und Fluchtpunkt verunklärt werden.

Der Olivenbaum und der Vorgang des Pflanzens stellen zwei äußerst aufgeladene Symbole im Kontext der israelischen Realität dar. Beim Pflanzen handelt es sich um jenen physischen Akt, der das Wesen der zionistischen Ideologie umfasst, nämlich die Urbarmachung der Wüste, die Kultivierung des Landes und ihres Besitzes sowie die Rückkehr des jüdischen Volkes in sein Heimatland. Der Olivenbaum gilt seit biblischen Zeiten als Friedenssymbol und fand daher auch als zentrales Element in das Wappen des Staates Israel Eingang. Olivenbäume bilden allerdings auch einen wichtigen Bestandteil der Landwirtschaft in der Westbank und dienen Tausenden von Palästinensern als Existenzgrundlage. In landwirtschaftlich genutzten Palästinensergebieten in unmittelbarer Nachbarschaft zu Siedlungen radikaler Juden ist daher in jüngster Zeit das brutale Entwurzeln von Olivenbäumen zu einem gängigen Akt des Eingriffs in die Existenz der Palästinenser geworden.

Der Andromeda-Felsen spielt auf die gleichnamige Figur aus der griechischen Mythologie an, die von ihren Eltern zur Rettung des Königreichs geopfert werden sollte, nachdem ihre Mutter sich der Todsünde des Stolzes schuldig gemacht hatte. Deutet Yael Bartanas Arbeit etwa die Möglichkeit einer Abkehr vom Nationalismus zugunsten einer friedlichen Koexistenz beider Nationen an, bevor aus Stolz alle Verdienste der zionistischen Bewegung zunichte gemacht werden?

A Declaration zeugt selbst bereits von einer solchen Aktion – Yael Bartana ersetzt auf dem Andromeda-Felsen die israelische Flagge durch einen Olivenbaum. Obwohl es sich hierbei tatsächlich um einen Akt handelt, der im medialen Kontext stattfindet, so gehört er dennoch in den Bereich der israelischen Wirklichkeit. G.E.

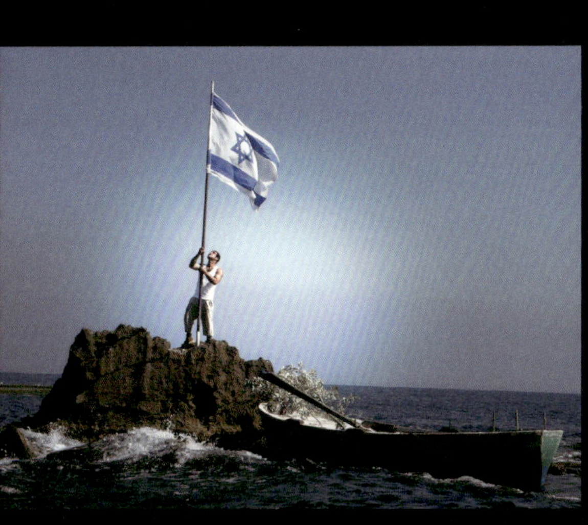

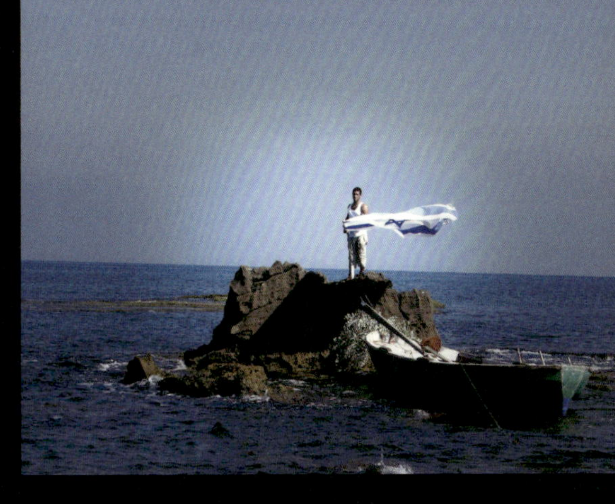

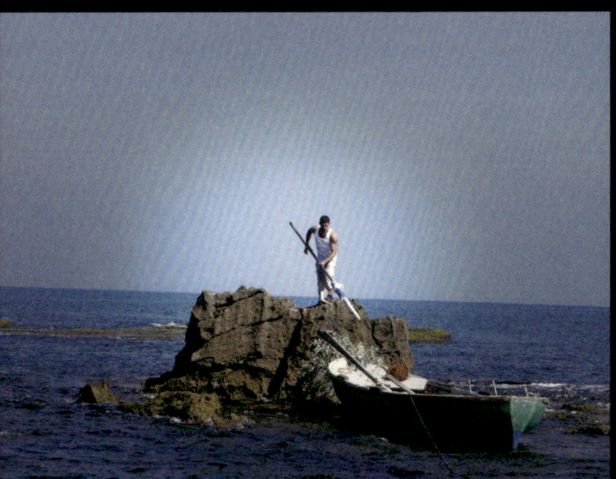

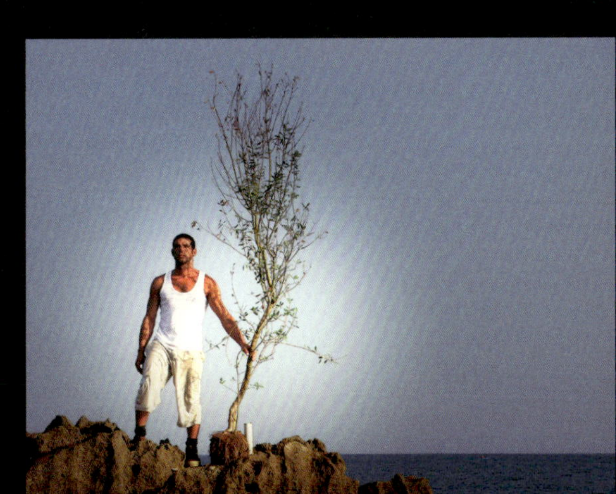

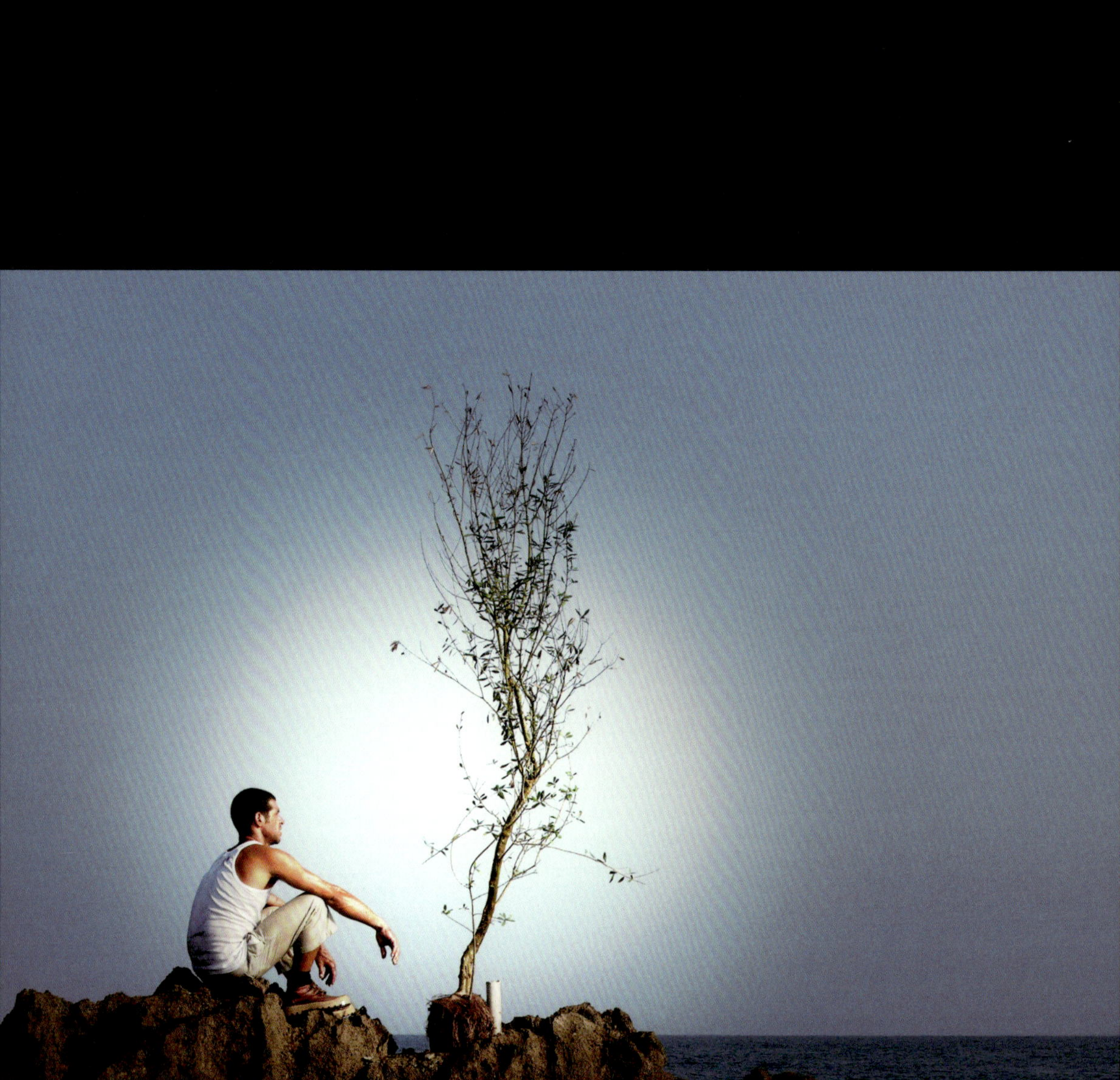

A DECLARATION

2006, mini DV & DVD, PAL

7 min., colour, sound, one-channel videoprojection

Director
Yael Bartana

Actor
Shlomi Einy

Camera
Itai Neeman

Camera Assistant
Dudu Stozmeister

Producer
Yael Bartana

Production Assistant
Ohad Keynar

Soundtrack
Daniel Meir

Compositing
Dror Stravinski

Muse
Thalia Hoffman

Production
Israel
The Netherlands

Supported by
The Israeli Center for Digital Art, Holon
27th Sao Paulo Biennial

A Declaration was shot in southern Tel Aviv, on the invisible border between that city and Jaffa. It begins with the sound of waves and the image of an Israeli flag that fills the entire screen. This is followed by the whirring sounds of a helicopter (like those heard through the night in that area during the second Lebanon war in summer 2006). A young man in a white undershirt rows a boat carrying an olive tree. He reaches Andromeda's Rock in Jaffa, uproots the Israeli flag and plants the olive tree in its place. The camera work throughout this piece has a conspicuously soft tone to it. Bartana seems to flirt with 1930s Jewish National Fund (JNF) propaganda photography on the one hand, and with Leni Riefenstahl's photographic technique, like the use of soft focus that distorts the perspective and vanishing point, on the other.

The olive tree and the act of planting are two highly charged symbols in the context of Israeli reality. Planting is the physical act that encapsulates the gist of Zionist ideology: reclamation of the desert, cultivation of the land and its ownership, the Jewish people's return to its homeland. The olive tree has been considered one of the symbols of peace since biblical times, and therefore was appropriated as a pivotal element in the emblem of the State of Israel as well. Olive trees, however, are also an important part of West Bank agriculture, serving as a source of subsistence for thousands of Palestinians. In recent years, the brutal uprooting of olive trees has become commonplace in Palestinian agricultural land adjacent to extremist Jewish settlements, an act intended to interfere with the Palestinians' subsistence.

The Andromeda Rock alludes to the Greek mythological figure sacrificed by her parents to save the kingdom, following her mother's sin of pride. Does Bartana's work suggest the possibility of foregoing nationalism in favor of peaceful coexistence of the two nations one minute before the sin of pride destroys the accomplishments of the Zionist enterprise?

A Declaration already attests to the action itself: on Andromeda's Rock, Bartana replaces the Israeli flag with an olive tree. While this is indeed an act performed in a media context, it nevertheless takes place in the sphere of Israeli reality. G.E.

SUMMER CAMP

2007, Digital Beta, 16:9

12 min., Farbe, Ton, Video- und Sound-installation

Entwicklung und Regie
Yael Bartana

Kamera
Avigail Sperber

Kameraassistenz
Ori Salton
Irit Sharvit
Neomi Lev-Ari

Zusatzkamera
Asaf Shiran

Schnitt
Yael Bartana
Daniel Meir
Anat Salomon

Online Schnitt
Yoav Raz

Soundtrack und Abmischung
Daniel Meir

Filmmusik von
Paul Dessau

Produktion
My-i Productions, 2007

Produktionsassistenten
Avi Feldman
Ooriel Davidi
Ariel Reichman
Thalia Hoffman

Konstruktionsgestalter
Oren Sagiv

Grafikdesign
Guy Saggee

Summer Camp basiert auf dem Film *Awodah* von Helmar Lerski

Gefördert von
»Liminal Spaces« network
Documenta 12
Mondriaan Foundation, Amsterdam
Fonds voor Beeldende Kunsten Vormgeving en Bouwkunst (Fonf BKVB), Amsterdam
Annet Gelink Gallery, Amsterdam
Ministry of Science, Culture and Sport, Culture and Arts Administration, Museums and Visual Arts Department, Israel
Ministry of Foreign Affairs, Cultural and Scientific Affairs Division, Israel
Rivka Saker and Uzi Zuker Foundation

Im Juli 2006 dokumentierte Yael Bartana das vierte Summer Camp des Israeli Committee Against House Demolitions (ICAHD). Palästinenserinnen und Palästinenser, Israelis und Menschen aus verschiedenen anderen Ländern versammelten sich in dem Lager, um im Dorf Anta ein Haus wieder aufzubauen, das im Dezember 2005 von den israelischen Behörden zerstört worden war. Da es dafür keine Baugenehmigung gab, wird das Haus wahrscheinlich nicht lange stehen bleiben, sondern von der Stadt Jerusalem (die keine Baugenehmigungen für Palästinenserinnen und Palästinenser erteilt, die innerhalb der Stadtgrenzen wohnen) abgerissen werden.

Das Video *Summer Camp* wird innerhalb eines installativen Settings präsentiert, das an die »Versammlungshalle« erinnert, in der in den frühen Jahren Israels als sozialistischem Land die ersten Vorträge, Theater und Filmvorführungen stattfanden. Die Arbeit greift audiovisuelle Merkmale der zionistischen Propagandafilme aus den 1930er und 1940er Jahren auf, die die Realisierung des wegweisenden zionistischen Traums vom Aufbau eines Nationalstaats zeigen: »Wir kamen ins Land, um zu bauen und es aufzubauen.«

Dies ist das zentrale Element in Yael Bartanas Arbeit, die sich auf die oppositionelle Strategie des ICAHD konzentriert und Fragen zur Wahrnehmung von Dissens aufwirft, der normalerweise eher mit Zerstörung als mit Aufbau assoziiert wird. Insofern wird das israelische Ethos des Aufbaus und der Erweckung in eine Protestform verwandelt, die Israelis und Palästinenserinnen und Palästinenser gegen den Staat Israel einsetzen. G. E.

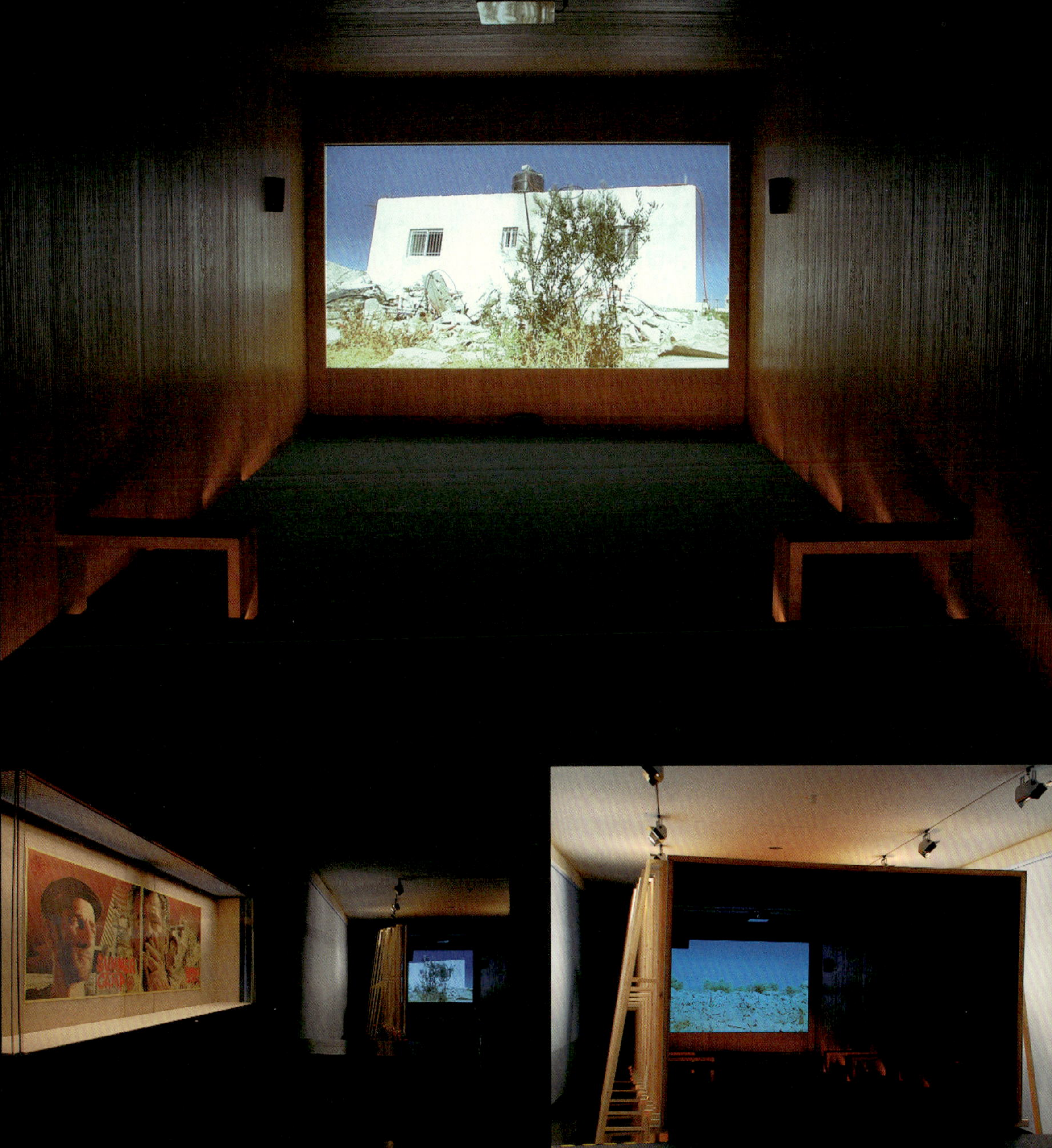

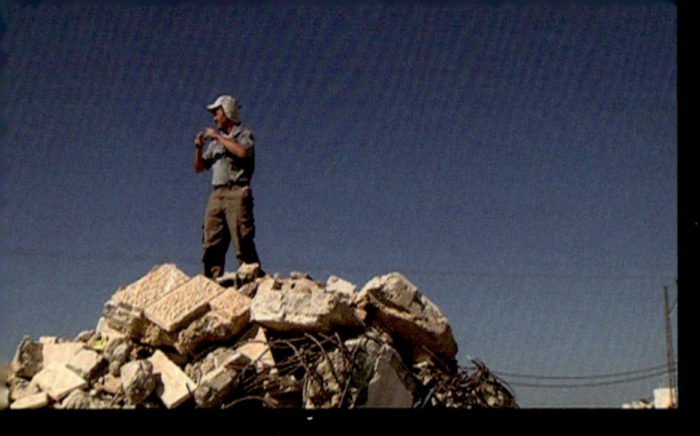
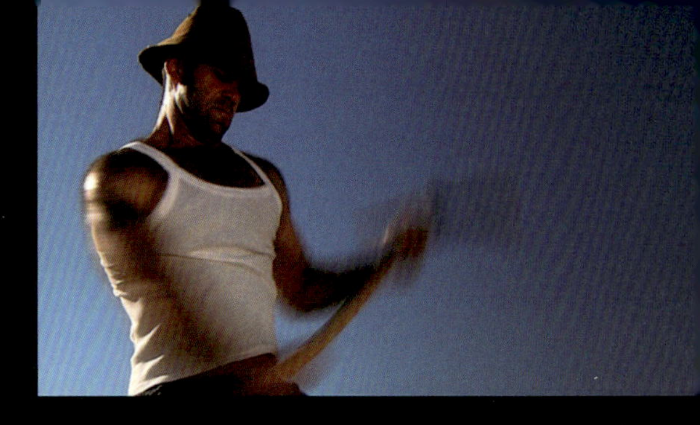
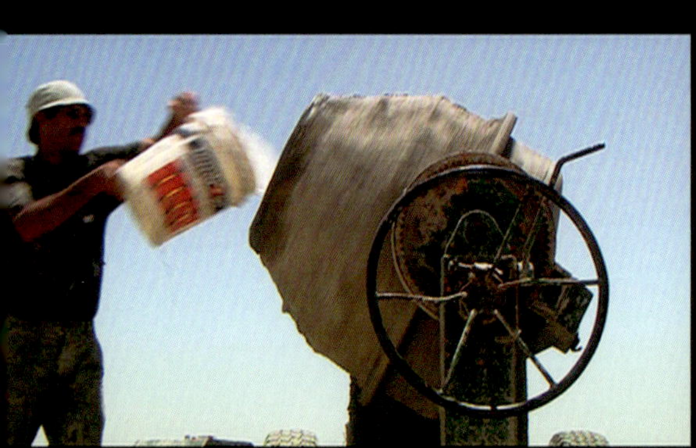
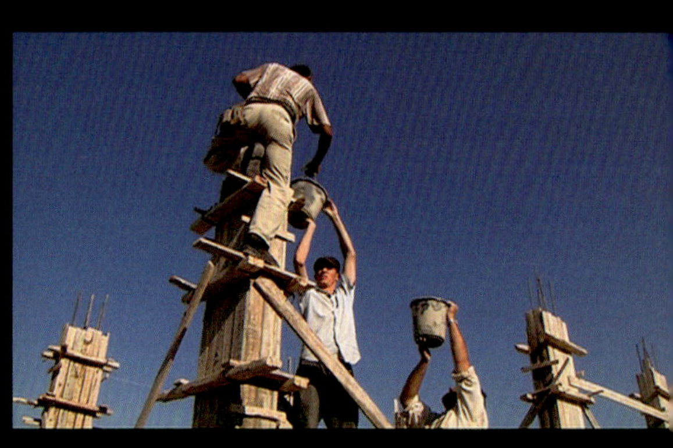
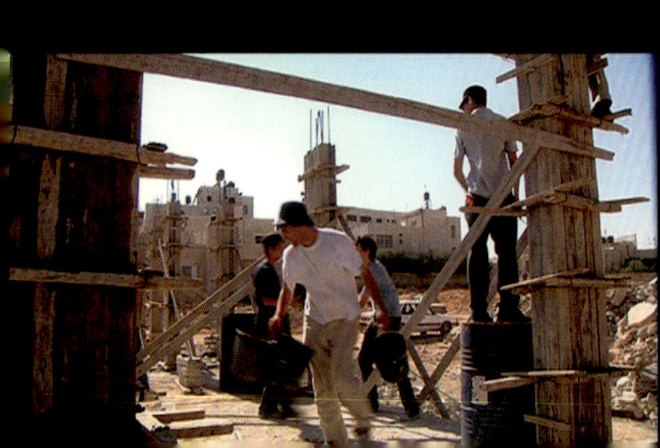
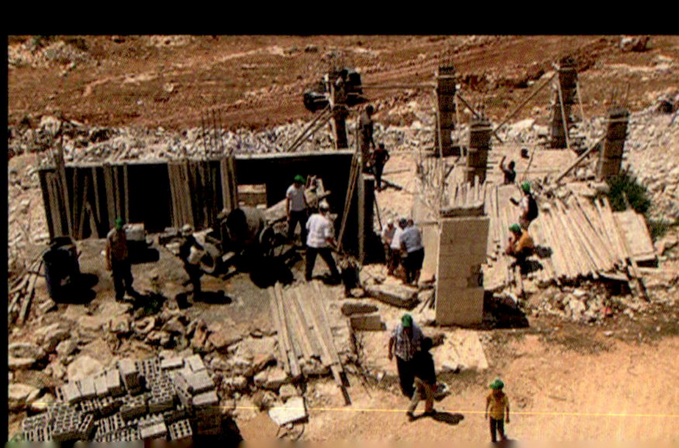

SUMMER CAMP

2007, Digital Beta, 16:9

12 min., colour, sound, video- and soundinstallation

Conceived & Directed
Yael Bartana

Camera
Avigail Sperber

Camera Assistant
Ori Salton
Irit Sharvit
Neomi Lev-Ari

Additional Camera
Asaf Shiran

Editors
Yael Bartana
Daniel Meir
Anat Salomon

Online Editor
Yoav Raz

Soundtrack and remix
Daniel Meir

Original Music Score by
Paul Dessau

Production
My-i Productions, 2007

Production Assistants
Avi Feldman
Ooriel Davidi
Ariel Reichman
Thalia Hoffman

Structure Designer
Oren Sagiv

Graphic Designer
Guy Saggee

Summer Camp is based on the film *Awodah* by Helmar Lerski

Supported by
»Liminal Spaces« network
Documenta 12
Mondriaan Foundation, Amsterdam
Fonds voor Beeldende Kunsten Vormgeving en Bouwkunst (Fonf BKVB), Amsterdam
Annet Gelink Gallery, Amsterdam
Ministry of Science, Culture and Sport, Culture and Arts Administration, Museums and Visual Arts Department, Israel
Ministry of Foreign Affairs, Cultural and Scientific Affairs Division, Israel
Rivka Saker and Uzi Zuker Foundation

In July of 2006 Yael Bartana documented the fourth summer camp initiated by ICAHD, the Israeli Committee Against House Demolitions. Palestinians, Israelis and citizens of various other countries gathered in the camp to build a house in the village of Anta, which had been destroyed by the Israeli authorities in December 2005. Since it has no building permit, the house is unlikely to stand for long before it is demolished by the Jerusalem municipality – which does not grant building permits to Palestinians living within its jurisdiction.

The video *Summer Camp* is presented in an installation structure reminiscent of the Assembly Hall in which the first lectures, plays and film screenings were held during Israel's early years as a socialist country. The work uses audio-visual footage borrowed from Zionist propaganda films of the 1930s and 1940s that depict the realisation of the pioneering Zionist dream of forming a nation-state – »We came to the land to build and to be built.«

This is the central element in Yael Bartana's work, which focuses on ICAHD's oppositional strategy, using the Zionist ethos of construction as a form of protest against the Israeli regime, and raises questions regarding the perception of dissent, which is usually understood as demolishing rather than building. In Bartana's work the Israeli ethos of construction and revival turns into a protest mechanism that Israelis and Palestinians direct against the state of Israel. G. E.

BIOGRAFIE
BIOGRAPHY

geboren/born 1970
in Afula, Israel
lebt/lives in Tel Aviv
und/and Amsterdam

Einzelausstellungen (Auswahl)
Solo Exhibitions (Selection)

2007
March Foundation, Padova
The Power Plant Contemporary Art Gallery, Toronto
Foksal Gallery, Warschau/Warsaw
Annet Gelink Gallery, Amsterdam

2006
Yael Bartana, Kunstverein in Hamburg
Amateur Anthropologist, Kunsthalle Fridericianum, Kassel
Collective Gallery, Edinburgh
Yael Bartana, Van Abbemuseum, Eindhoven

2005
Yael Bartana/Ausstellung in Katharinen, Kunstverein St.Gallen, Kunstmuseum St.Gallen
Photographic works in projectspace The Bakery, Annet Gelink Gallery, Amsterdam

2004
Sommer Contemporary Art Gallery, Tel Aviv
MIT List Visual Arts Center, Cambridge, Massachusetts
Prefix Institute of Contemporary Art, Toronto
Büro Friedrich, Berlin

2003
P.S.1 Contemporary Art Center, New York
Herzliya Museum for Contemporary Art, Herzliya
Selected Works 1996–2002, Annet Gelink Gallery, Amsterdam
Kerstin Engholm Galerie, Wien/Vienna
Galeria Comercial, San Juan, Puerto Rico

2002
Museum Beelden aan Zee, Scheveningen
Variables X Y Z, The Israeli Center for Digital Art, Holon

2001
Caermersklooster, Gent

Gruppenausstellungen (Auswahl)
Group Exhibitions (Selection)

2007
H Box, Centre Pompidou, Paris
documenta 12, Kassel
Brave New Worlds, Walker Art Center, Minneapolis
This Place is My Place – Begehrte Orte, Kunstverein in Hamburg
In the Eye of the Storm, Im Auge des Zyklons, Kunstmuseum St. Gallen
Thermocline of Art, Zentrum für Kunst und Medientechnologie, Karlsruhe
a forest and a tree, Kunsthalle Exnergasse, Wien/Vienna
Dateline Israel: New Photography and Video Art, The Jewish Museum, New York

2006
Liminal Spaces, Galerie für Zeitgenössische Kunst, Leipzig
These Days, (mit/with David Maljković) Galerija Nova, Zagreb
Maskharat, Künstlerhaus Stuttgart
Stray, Para/Site Art Space, Hong Kong
The Art of Living: Contemporary Works from the Israel Museum, The Contemporary Jewish Museum, San Francisco
Sao Paolo Biennale/Sao Paolo Biennial
7. Werkleitz Biennale/7th Werkleitz Biennial, Halle
Coding: Decoding, Kunsthallen Nikolaj, Kopenhagen/Copenhagen
Territory, Presentation House Gallery, Vancouver
People Land State, The Israeli Center for Digital Art, Holon

2005
Traum und Trauma, Haus der Kulturen der Welt, Berlin
9. Istanbul Biennale/9th Istanbul Biennial
Beograd Nekad I Sad, Galerija Beograd, Belgrad/Belgrade
V. Internationales Kunstfestival Magdeburg, Art Depot, Magdeburg
Prix de Rome.NL, Stichting de Appel, Amsterdam
a forest and a tree, Yellow Bird Gallery, Newburgh, New York
Platform Garanti, Istanbul
Die Neuen Hebräer – 100 Jahre Kunst in Israel/The New Hebrews – A Century of Art in Israel, The Israel Museum of Art, Jerusalem; Martin Gropius Bau, Berlin
Reunion, Braverman By Art Projects, Tel Aviv
Dorothea-von-Stetten-Kunstpreis, Kunstmuseum Bonn
Irreducible: Contemporary Short Form Video, Bronx Museum of the Arts, New York; CCA Wattis Institute for Contemporary Arts, San Francisco

2004
Onufri 2004 Prize: Chosen Places, National Gallery of Arts, Tirana
Time Zones: Recent Film and Video, Tate Modern, London
Time Depot, Petach Tikva Museum, Petach Tikva, Israel
Surfacing, Ludwig Museum of Contemporary Art, Budapest
Wherever I am. Yael Bartana, Emily Jacir, Lee Miller, Modern Art Oxford
Liverpool Biennial, International Festival of Contemporary Art
7. Busan Biennale/7th Busan Biennial
Die Zehn Gebote/The 10 Commandments, Deutsches Hygiene-Museum, Dresden
The Mediterraneans, Museum of Modern Art Rom/Rome
Art Tower Mito, Contemporary Art Center, Ibaraki
De Appel Foundation, Amsterdam

2003
Territories, Witte De With, Rotterdam; Kunst-Werke Berlin e.V., Institute for Contemporary Art, Berlin
Wonderyears – Zur Rolle des Nationalsozialismus in der israelischen Gesellschaft, Kunstraum Kreuzberg/Bethanien, Neue Gesellschaft für Bildende Kunst, Berlin
After-Life, Vane, Newcastle upon Tyne
Junge Kunst – transkulturell, Overbeck-Gesellschaft, Lübeck
The Promise, The Land, O.K Centrum für Gegenwartskunst, Wien/Vienna
Sheffield Festival of Contemporary Art
Kaap Helder, Oude Rijkswerf Willemsoord (Kunst en Cultuur Noord-Holland), Den Helder
Yael Bartana Janos Sugar, Galerie der Stadt Schwaz
M_ARS-Kunst und Krieg, Neue Galerie Graz am Landesmuseum Joanneum

2002
Rendez-Vous, Musée d'Art Contemporain de Lyon
What? A tale in free images, Brugge Culture Capital of Europe, Brügge/Brugge
Say Hello Wave Goodbye, Galerie Hohenlohe & Kalb, Wien/Vienna
Manifesta 4, Europäische Biennale für Zeitgenössische Kunst/Manifesta 4, European Biennial of Contemporary Art, Frankfurt am Main
Tele-Journeys, MIT List Visual Center, Cambridge
4. Gwangju Biennale/The 4th Gwangju Biennial
Non-linear Editing, De Paviljoens, Almere

2001
In the Meantime, De Appel, Amsterdam
Neue Welt, Frankfurter Kunstverein
2e Sybren Hellinga Kunstprijs 2001 Kunsthuis SYB, Beetsterzwaag
Open Ateliers, Rijksakademie van beeldende kunsten, Amsterdam

2000
Greater New York, P.S.1 Center for Contemporary Art, New York
Open Ateliers, Rijksakademie van beeldende kunsten, Amsterdam
Reflex Ensemble in Musical Dialoges, Center for the Arts, Tel Aviv
Borochov Gallery, Tel Aviv

1996
B.F.A project, Bezalel Academy of Arts and Design, Jerusalem

Film- und Video-Festivals (Auswahl)
Film- and Video-Festivals (Selection)

2007
36. Internationales Internationales Filmfestival/36th International film festival, Rotterdam

2006
52. Internationales Kurzfilmfestival Oberhausen

2004
Le Printemps de Septembre, Teletoulouse, Toulouse
Transmediale 2004, Internationales Medienfestival, Berlin

2003
Transmediale 2003, Internationales Medienfestival, Berlin
Impakt Festival, Utrecht
Borderlines, Antwerpen
La grande Halle de la Villete, Nuit Blanche, Paris
Kasseler Dokumentarfilm- und Videofest
Theater Festival at the Singel, Antwerpen/Antwerp
Uitmarkt, Balie, Amsterdam
Festival Bandits Images, Bourges
NEMO festival, Paris
Macau Art Festival, Macau
FACT, Liverpool
Vidéochroniques, Rennes

2002
Video Zone, The first biennale for video, Tel Aviv
Nuits Blanche, Paris
Microwave International Media Art Festival, Videotage, Hong Kong
Cinematexas, International Short Film Festival, Department of Radio-TV-Film, International Competition Program, Austin
VIPER Basel 2002, International Competition Film/Video Programme
Cité des Ondes, 5th International Manifestation of Video and Electronic Arts of Montreal
48. Internationales Kurzfilmfestival Oberhausen
e-phos, 4th International Festival of Film and New Media, Athen/Athens
Media Forum 2002, XXIV Moscow International Film Festival

Preise/Awards

2006
Recipient of the 2006 Ministry of Science, Culture and Sport Prize, Israel

2005
Dorothea-von-Stetten-Kunstpreis, Kunstmuseum Bonn
Nominiert/nominated Prix de Rome.NL, Rijksakademie, Amsterdam

2003
Anselm Kiefer Prize, The Wolf Foundation

1996
The Samuel Prize, Bezalel Academy of Art and Design, Jerusalem

Stipendien/Grants Residencies/Fellowships

2005
Platform Garanti, Istanbul, Turkey

2003
Rooseum – Center for Contemporary Art, Malmö

2002
The Jerusalem Center for Visual Arts (JCVA), Jerusalem

2001
NUFFIC
Rijksakademie van beeldende kunsten/Dutch Ministry of Education, Culture and Science, Amsterdam

2000
Stichting Schürmann-Krant, Amsterdam
Stichting Trustfonds Rijksakademie, Amsterdam

BIBLIOGRAFIE (AUSWAHL)
BIBLIOGRAPHY (SELECTION)

Magazine und Zeitungen/Journals and Newspapers

MIRJAM THOMANN, »In den Vorräumen des Optimismus. Über die Videoarbeiten von Yael Bartana«, in: *Kultur & Gespenster*, #3, 2007.
PETER KUNITZKY, »Die Kunst in Zeiten des Krieges«, in: *www.artmagazine.cc*, 07.08.2006.
NASIM WEILER, in: *o.T., Magazin für Kunst, Architektur und Design*, 12/2006.
MAX HINDERER, MARTIN BECK, »Anthropologie des Wartens. Yael Bartana im Fridericianum Kassel«, in: *Texte zur Kunst*, #64, 12/2006.
MAX GLAUNER, »Video, Kunst und das wahre Leben«, in: *Theater heute*, 12/2006.
NINA MÖNTMANN, »Yael Bartana. Kunstverein«, in: *ARTFORUM*, 10/2006.
JENS ASTHOFF, »Yael Bartana. Kunstverein Hamburg«, in: *Flash Art*, 10/2006.
»Über die Kunst, richtig zu fördern«, in: *Sparda aktuell*, #5, 09–10/2006.
MAX GLAUNER, »Trembling Time. Vom Beben der Zeit«, in: *Die Ost-West-Wochenzeitung*, 04.08.2006 und *www.kunst-blog.com*, 23.10.2006.
DIRK SCHWARZE, »Bitteres und Heiteres. Die Kasseler Kunsthalle Fridericianum zeigt Video-Arbeiten von Yael Bartana«, in: *Hessische Niedersächsische Allgemeine*, 29.09.2006.
MIRJAM THOMANN, »In the antechamber of hope. Yael Bartana at the Hamburger Kunstverein«, in: *Maarav*, 09/2006.
PETRA SCHELLEN, »Am israelischen Nerv«, in: *taz Nord*, 17.07.2006.
JENS ASTHOFF, »Yael Bartana im Kunstverein«, in: *Kunst-Bulletin*, 07/2006.
JENS ASTHOFF, »Nächtliches Zittern«, in: *Szene Hamburg*, 06/2006.
»Hamburg Critics' Picks, Yael Bartana. Kunstverein in Hamburg«, in: *www.artforum.com*, 07/2006.
FRANK KEIL-BEHRENS, »Entzauberte Rituale. Der Hamburger Kunstverein zeigt Videoarbeiten der Israelin Yael Bartana«, in: *Jüdische Allgemeine Wochenzeitung*, 29.09.2006.
WOLF JAHN, »Zeugnisse der Kultur eines Landes in Alarmbereitschaft«, in: *Hamburger Abendblatt*, 28.06.2006.
BELINDA GRACE GARDNER, »Alltägliche Ausnahmezustände. Die junge israelische Künstlerin Yael Bartana zu Gast im Hamburger Kunstverein«, in: *Die Welt*, Hamburg, 09.06.2006.
JENS ASTHOFF, »Allgegenwärtig wie ein Schatten. Yael Bartana zu Gast im Kunstverein«, in: *o.T., Magazin für Kunst, Architektur und Design*, 06/2006.
URSULA HERRNDORF, »Sensible Beobachterin. Yael Bartana im Kunstverein«, in: *Hamburger Abendblatt*, Museumswelt Hamburg, 06–08/2006.
BIRGIT EUSTERSCHULTE, »Yael Bartana. Amateur Anthropologist«, in: *ein & alle. Das Fridericianum Magazin*, #15, 2006.
»Future Greats«, in: *Art Review*, 12/2005.
»Prix de Rome moet naar Bartana«, in: *De Volkskrant*, 04.06.2005.
»London: Tate Modern. Time Zones: Recent Film and Video«, in: *Contemporary*, #70, 2004.
MARINA DE VRIES, »Tussen massa en individu«, in: *De Volkskrant*, 07.10.2004.
MELANIE OHNEMUS, »Yael Bartana«, in: *Springerin*, # 2, Sommer 2004
JÖRG HEISER, JAN VERWOERT, »What's the difference«, in: *Frieze*, #84, 06–08/2004.
»The six wannabees as a soccer team«, in: *Tubelight*, #32.
»Yael Bartana«, in: *Art Review*, 12/2003–01/2004.
DOROTHEE RICHTER, »Remapping the Region«, in: *Springerin*, # 7, Sommer/Summer 2003.
»Heimat, von außen gesehen«, in: *Lübecker Nachrichten*, 18.01.2002.
SANDRA DANICKE, »Künstler Portraits – Yael Bartana«, in: *Frankfurter Rundschau*, 03.06. 2002.
ANGELA ROSENBERG, »Spotlight – Manifesta 4«, in: *Flash Art*, #225, 07–09/2002.
VERENA KUNI, »Manifesta 4«, in: *Frieze*, #69, 06/2002.
Yael Bartana, »Selfportrait«, in: *Tema Celeste*, #91, 05–06/2002.

Kataloge/Catalogues

2007
Yael Bartana, Kunstverein in Hamburg
documenta 12, Kassel
In the Eye of the Storm – Im Auge des Zyklons, Kunstmuseum St. Gallen
Yael Bartana, March Foundation, Padova
Um Atlas de Acontecimentos/An Atlas of Events, Calouste Gulbenkian, Foundation, Lisbon
Dateline: Israel. New Photography and Video Art, The Jewish Museum, New York
2006
Yael Bartana, Van Abbemuseum, Eindhoven
2005
9th Istanbul Biennial
Prix de Rome.NL 2005, Amsterdam
Die neuen Hebräer. 100 Jahre Kunst in Israel, Martin Gropius Bau, Berlin
Wherever I Am, Yael Bartana, Emil Jacir, Lee Miller, Museum of Modern Art Oxford
Dorothea-von-Stetten-Kunstpreis, Kunstmuseum Bonn
2004
Time Zones: Recent Film and Video, Tate Modern, London
Liverpool Biennial, International Festival of Contemporary Art
Die Zehn Gebote, Deutsches Hygiene Museum, Dresden
Quicksand, De Appel Foundation
Lonely Planet, Art Tower Mito, Ibaraki, Japan
Who if not we should at least try to imagine the future of all this?, BAK, Utrecht
2003
Territories, Kunst-Werke Berlin
Wonderyears – Zur Rolle des Nationalsozialismus in der israelischen Gesellschaft, Neue Gesellschaft für Bildende Kunst, Berlin
M_ARS-Kunst und Krieg, Neue Galerie Graz am Landesmuseum Joanneum
2002
Manifesta 4, Frankfurt am Main

Arbeiten in öffentlichen Sammlungen/Works in public collections

Herzliya Museum of Contemporary Art, Herzliya
Museum De Paviljoens, Almere
Netherlands Media Art Institute – Montevideo/Time Based Arts, Amsterdam
Grazer Kunstverein, Graz
Kunstmuseum St. Gallen
Tate Britain, London
Van Abbemuseum, Eindhoven

IMPRESSUM
COLOPHON

Diese Publikation erscheint anlässlich der Ausstellung/ This catalogue is published on the occasion of the exhibition
Yael Bartana
09.06.– 03.09. 2006
Kunstverein in Hamburg

Kunstverein in Hamburg
Klosterwall 23
20095 Hamburg
Tel. +49 (0) 40 33 83 44
Fax +49 (0) 40 32 21 59
hamburg@kunstverein.de
www.kunstverein.de

Direktor/Director
Dr. Yilmaz Dziewior
Vorstand/
Board Members
Stephen Craig
Dr. Harald Falckenberg
Anna Gudjonsdottir
Prof. Dr. Susanna Hegewisch-Becker
Dr. Ernst-Josef Pauw
Markus Peichl
Claudia Reiche
Jürgen Vorrath
Dr. Hans-Jochen Waitz

Die Ausstellung wurde ermöglicht durch die Sparda-Bank Hamburg, Kooperationspartner des Kunstvereins./ The exhibition was supported by Sparda-Bank Hamburg, cooperation partner of Kunstverein in Hamburg.

Ausstellung/ Exhibition

Kurator/Curator:
Yilmaz Dziewior
Ausstellungskoordination/Exhibition Coordination:
Corinna Koch
Presse- und Öffentlichkeitsarbeit/Press and Public Office:
Meike Behm
Wissenschaftliche Assistenz/ Curatorial Assistant:
Eva Birkenstock
Praktikum/Internship:
Nadine Maslonka
Imke Kannegießer
Buchhaltung/ Bookkeeping:
Gesche Früchtenicht
Soundtechniker/ Sound Technician:
Daniel Meir
Ausstellungstechnik/ Exhibition Technology:
Robert Görß
Kasse/Cashier:
Yilmaz Balkan
Kay Ruchholtz
Reinigung/Cleaning:
Maike Nuppnau

Courtesy für alle Arbeiten/for all works
Annet Gelink Gallery, Amsterdam
für/for *Summer Camp* auch/as well:
Sommer Contemporary Art Gallery, Tel Aviv

Katalog/ Catalogue

Herausgeber/Editor:
Yilmaz Dziewior
Redaktion/Editing:
Meike Behm
Lektorat/Copyediting:
Meike Behm
Eva Birkenstock
Videobeschreibungen/ Video Descriptions :
Meike Behm (M.B.)
Eva Birkenstock (E.B.)
Galit Eilat (G.E.)
Bio-, Biblio- und Videografie/Bio-, Biblio- and Videography:
Meike Behm
Übersetzungen/ Translations:
Michael Eldred, Köln/ Cologne (Essay Dziewior)
Richard Flantz, Mullumbimby (Essay Ninio)
Markus Lemke, Hamburg (Essay Ninio)
Louisa Schäfer, Köln/ Cologne (Videobeschreibungen/Video descriptions)
Ralf Schauff, Köln/ Cologne (Videobeschreibungen/Video descriptions)

Installationsansichten/ Installation Views:
Trembling Time:
Jörg Baumann, Frankfurt am Main
Summer Camp:
Egbert Trogemann/ documenta GmbH © VG Bild-Kunst, Bonn 2007
Kunstverein in Hamburg:
Fred Dott, Hamburg
Umschlagabbildung/ Cover Illustration:
Yael Bartana, A Declaration
Umschlaggestaltung/ Cover:
Torsten Jahnke
Gestaltung und Satz/ Graphic Design and Typesetting:
Jens Reitemeyer
Torsten Jahnke
Schrift/Typeface:
Underware Dolly
FTN Sauerkrauto
Papier/Paper:
135 g/m² Gardapat Kiara

Reproduktion/ Reproduction:
Weyhing digital, Ostfildern
Buchbinderei/Binding:
Großbuchbinderei Spinner, Ottersweier
Gesamtherstellung/ Printed by:
E&B Engelhardt und Bauer, Karlsruhe

Erschienen im/ Published by
Hatje Cantz Verlag
Zeppelinstraße 32
73760 Ostfildern
Deutschland/Germany
Tel. +49 (0) 7 11 44 05-0
Fax +49 (0) 7 11 44 05-2 20
www.hatjecantz.de

ISBN 978-3-7757-1930-8
Printed in Germany

Dank/ Acknowledgements
Der Kunstverein in Hamburg dankt/ Kunstverein in Hamburg would like to thank
Yael Bartana
Dr. Martin Beck
Galit Eilat
Charles Esche
Annet Gelink
Daniel Meir
Prof. Dr. Karl Josef Pazzini
Dr. Heinz Wings, Sparda-Bank Hamburg
Floor Wullems

HATJE CANTZ BOOKS are available internationally at selected bookstores and from the following distribution partners:

USA/NORTH AMERICA – D.A.P., Distributed Art Publishers, New York, www.artbook.com
UK – Die Gestalten Verlag UK Ltd., London, www.die-gestalten.de
AUSTRALIA – Tower Books, Frenchs Forest (Sydney), www.towerbooks.com.au
FRANCE – Interart, Paris, www.interart.fr
BELGIUM – Exhibitions International, Leuven, www.exhibitionsinternational.be
SWITZERLAND – Scheidegger, Affoltern am Albis, www.ava.ch

For ASIA, JAPAN, SOUTH AMERICA, and AFRICA,
as well as for general questions, please contact Hatje Cantz directly at sales@hatjecantz.de,
or visit our homepage at www.hatjecantz.com for further information.